written by **A.W. SHAW**
translated and commented by **H. TANGE**

市場流通に関する諸問題
〔新訂版〕

SOME PROBLEMS
IN
A.W. ショー 著
丹下博文 訳・論説
MARKET
DISTRIBUTION

基本的な企業経営原理の応用について

Illustrating the application of
A BASIC PHILOSOPHY OF
BUSINESS

東京 白桃書房 神田

Translated by Hirofumi Tange
from
SOME PROBLEMS IN MARKET DISTRIBUTION
Illustrating the application of
A BASIC PHILOSOPHY OF BUSINESS

by
ARCH W. SHAW

CAMBRIDGE, MASSACHUSETTS
HARVARD UNIVERSITY PRESS
1951

Copyright, 1915, by A.W. Shaw
Third Printing, Printed in the U.S.A.

i

新訂版への訳・論説者はしがき

マーケティング論の新たな時代を迎えて

　「マーケティング論の父」とか「マーケティング論のパイオニア」と称される A. W. ショーが米国において20世紀初頭の1915年に『市場流通に関する諸問題』を著しマーケティング論が発祥してから約1世紀が経過した。その間，マーケティングは理論的にも実務的にも大きな発展を遂げてきた。

　そもそも機械化と流れ作業による現代の大量生産体制は，ヘンリー・フォードによる1908年のＴ型フォードと呼ばれる大衆乗用車の生産を契機に米国で確立された。この大量生産を背景に，ショーは古典的名著と評される『市場流通に関する諸問題』のなかで企業の流通活動を需要創造活動と物的供給活動に分類し，概念的には前者の需要創造が「マーケティング」，後者の物的供給が「物流」から「ロジスティクス」へと進化していった。

　しかしながらマーケティングが20世紀を通して理論的な研究が熱心に行われてきたのに対し，物流は実践的な要素が強く表れたこと

もあり，学術的に幅広く研究されてこなかった嫌いがある。現に米国の大学においてロジスティクスの教育は，ようやく1960年代から始められるようになったと伝えられている。ところが最近，流通の新しい形態と呼べるインターネット通信販売の急拡大を背景に企業経営の分野で「物流危機」が叫ばれるようになり，「物流革命」という用語まで登場するようになった。

　実際，米国から日本に物流の諸機能が導入されたのは1960年代前半で，80年代には物流を戦略的な経営管理の一環と捉える「ロジスティクス」という概念が使われ始め，90年代は情報化とグローバル化が進展しSCM（サプライチェーン・マネジメント）や3PL（サードパーティ・ロジスティクス）への関心が高まった。こうして製造業におけるグローバルな事業展開，あるいはマーケティングにおける顧客満足や顧客関係を推進するために，物流の進化形としてのロジスティクスが多様化する一方で，3PLやSCMが国内だけでなく国際的な経営戦略の中核に位置づけられるようになっていった。

　ロジスティクスは本来，兵站（へいたん）を意味する軍事用語であるが，米国ではすでに1920年代後半に，現在使われているようなビジネスにかかわる定義付けが行われていたという。したがって「ビジネス・ロジスティクス」，あるいはロジスティクスの研究がマーケティングに端を発していることから「マーケティング・ロジスティクス」などと呼ばれることがあった。ところが21世紀になると，マーケティングとロジスティクスを別の機能と捉えるのではなく，SCMのメカニズムを通して統合されるべきである，と主張されるようになり，その根拠は以下のように説明されている。

いわく，最近になり伝統的に行われてきたマーケティングの効果について疑問が沸き起こってきた。伝統的な手法では競争有利は強力なブランド，企業イメージ，メディア広告，そして価格に大きく依存していたが，これらは従来型のマーケティング戦略にすぎない。乱気流のように揺れ動く今日の市場では，魅力的な製品，競争的な価格，創造的な広告だけでは，もはや十分ではなくなった。顧客がより高度な配達サービスを求める傾向が強くなってきたからである，と。その結果，ロジスティクスの効果が顧客満足とコスト削減の両方に大きな影響を与えることが注目されるようになった。

このような21世紀の新しい動向を踏まえ，「ロジスティクス・マーケティングの提唱」と題する論説Ⅱを増補した新増補版（2012年刊）に，このたび「マーケティング論の新たな展開」と題する論説Ⅲを加え，デジタル経済を背景に新しいマーケティングの時代を象徴する画期的な「流通革命」に向け新訂版として出版することとした。本書がマーケティングやロジスティクスだけでなく幅広くマネジメントの分野にわたる研究者，学習者，実務家，企業経営者などのお役に立つことがあれば幸いである。

最後に本書出版にあたりご尽力いただいた白桃書房の大矢栄一郎氏に厚く御礼申し上げたい。

2018年2月吉日

丹　下　博　文

v

訳・論説者はしがき

A. W. ショー（A. W. Shaw）著の『市場流通に関する諸問題 (*Some Problems in Market Distribution*)』は，アメリカにおける マーケティングに関する文献の中では古典的名著といわれている。 しかし，マーケティングという学問がアメリカで生まれてアメリカ で発展してきたことを考えると，古典とはいってもそれはまさに マーケティング研究の出発点を意味しており，現代においてもなお 考察に値するだけの素晴らしい内容を誇っている。特にマーケティ ングは社会的・経済的・文化的背景を基盤に時代の要請に応えて登 場した実践的社会科学であるだけに，学問としてのマーケティング の習得には歴史的視点に立った理解が必要不可欠な点を銘記しなけ ればならない。

同書は4章から構成されており，流通問題を取り扱った第Ⅱ章〜 第Ⅳ章はショーの既発表論文をそのまま掲載したものであるが，第 Ⅰ章だけは同書出版にあたって新たに書き下ろされたものである。 つまり，同書の3分の1を占める第Ⅰ章では主として企業の経営活 動全般にわたる原理的な側面が論じられており，第Ⅱ章以下の各論

的記述に対する総論的な部分にあたるものと考えられる。したがって，同書はマーケティングや流通に関する必読書であるばかりでなく，経営学全般を史的に考察する場合にも必ず多くの示唆を与えてくれる。

同書の翻訳にあたっては，貴重な文献だけに慎重を期したつもりである。しかし，同書が執筆された1910～15年の頃はちょうどマーケティングの概念化が進行しつつあった時期でもあり，専門的な用語の訳出については文脈を考慮して決めざるをえなかった。例えば"business man"を「企業経営者」と訳したり"distribution"を「流通」と訳したりしたが，これらは全体の脈絡を踏まえてもっとも適訳と判断してのことである。

こうした同書に出てくる主要な用語の訳し方については英和対訳例として一括して巻末に掲載したので，有効に活用していただければ幸いである。また，翻訳中にしばしば論文特有の難解な英文や英語表現に遭遇したが，その折には迷わず英語のネイティブ・スピーカー（英語を母国語とする人）に意見を求めて大きな間違いをしないように極力注意し，翻訳として支障のないように心がけた。ちなみに，訳文でカッコのなかに英語が記してあるのは，主に原著書のほうでイタリック体になっているものである。

このようにして翻訳の使命はいちおう果たせたのではないかと確信し，まとめの考察を解説として付記することにした。これらが少しでもマーケティング，物流，ロジスティクス，流通，サプライチェン・マネジメント（SCM），さらには経営学の研究または学習に取り組む読者諸氏のお役に立つようなことがあれば，訳・解説者

にとって望外の喜びとなろう。

　なお，本書（訳・解説書）の「初版」は1992年に出版されたが，より一層内容を充実させるために1998年に新訳として旧訳を全面的に見直し，解説部分を大幅に増やして「増補改訂版」を上梓した。さらに今回は「新版」として，21世紀の今日における最新の資料を解説部分に追加することとした。これらは，21世紀の激変する市場環境や経営環境のなかにあって，マーケティングの本質をついた原著書の存在意義と重要性を再認識してのことである。

　つまり，「マーケティング論の父」と称されるA. W. ショーの『市場流通に関する諸問題』は歴史的に普遍性のあるアカデミックな創造的思考にあふれており，新しいものばかりを追い求め，とかく本質的なものが見過ごされやすい現代においてこそ，もっと読まれてしかるべきではないかと痛感されるわけである。

　そもそも完全な翻訳を行うことは至難のわざといえるが，今回の改訂によって少しでも完璧（perfect）なものへ近づくことができれば幸いである。

　2006年10月吉日

丹　下　博　文

序　文

　『市場流通に関する諸問題（*Some Problems in Market Distribution*）』の本版（第3版）に関しては，内容の変更がまったく行われていない。

　本書は2部に分かれている。前半の章では，企業経営の基本的な原理を確立している。残りの後半の章では，この原理の流通問題への応用を実証している。

　後半の部分は，1912年8月の *Quarterly Journal of Economics* 誌注) に掲載するために，当時ハーバード大学大学院ビジネス・スクールの学長であった E. F. ゲイ博士（Dr. Edwin Francis Gay）の提案によって執筆した論文のなかで最初に発表したものである。

　　注)　後半の3章は1912年8月にハーバード大学から発行された同誌から再録したものである。

xi

目　　次

新訂版への訳・論説者はしがき
　　マーケティング論の新たな時代を迎えて

訳・論説者はしがき

序　　文

第Ⅰ章　企業活動の性質と関連性───────*1*

　　1　あらゆる作業に共通する要素　　*4*

　　2　企業活動を分類する目的　　*6*

　　3　相互依存の基本原則　　*8*

　　4　生産と流通の類似点　　*11*

　　5　企業経営における経験的方法　　*14*

　　6　流通経路の短縮化　　*17*

　　7　流通における実践的問題　　*19*

　　8　経営管理における分業　　*21*

　　9　分類による諸活動の位置づけ　　*22*

　10　経営者の戦略的地位　　*25*

　11　企業からの還元に挑戦する社会　　*27*

xii

12 企業の外部問題　29

13 世論の支配的影響力　32

14 企業に対する政府の姿勢　33

第Ⅱ章　流通業者の諸問題―――――37

1 合衆国の状況　40

2 流通業者が用いる価格政策　46

3 商品の差別化　53

第Ⅲ章　流通の方法――――――57

1 利用できる販売機関　59

2 流通における中間業者　61

3 中間業者の機能　67

4 需要創造における生産者の販売員　77

5 流通における機関としての広告　79

6 これまでの分析目的　84

第Ⅳ章　市場に関する考察事項――――87

1 流通における機関の選択　89

2 流通に関する実験的研究　93

3 さまざまな価格政策の効果　102

目　次　xiii

論説Ⅰ　　*105*

マーケティング論の発祥と展開

　　1．はじめに：A. W. ショーの功績

　　2．マーケティング研究の萌芽と発展

　　3．「マーケティング」という概念の定着

　　4．企業経営におけるマーケティング

　　5．ビジネス・スクールとマーケティング

　　6．企業活動の分類と経営者の戦略的地位

　　7．ショーの学説における7つの要点

　　　　7－1．ビジネス活動の基本

　　　　7－2．需要創造活動

　　　　7－3．販売方法

　　　　7－4．販売機関

　　　　7－5．流通機構の変遷

　　　　7－6．流通経路の短縮化

　　　　7－7．価格政策

　　8．まとめ：マーケティングの胎動期

論説Ⅱ　　*131*

ロジスティクス・マーケティングの提唱
（A Proposal for Logistics Marketing）

　　1．はじめに

　　2．物流・ロジスティクスからSCMへ

　　3．先行研究のレビュー

3 - 1. Buxton（1975）の研究

3 - 2. Christopher & Peck（2003）の研究

3 - 3. Kotler & Armstrong（2010）の研究

4. ロジスティクス・マーケティングの枠組み

4 - 1. マーケティング・ミックスの要素

4 - 2. チャネルとロジスティクス

5. まとめ

論説Ⅲ　　*159*

マーケティング論の新たな展開

（New Development of the Marketing Theory）

1. はじめに

2. 「マーケティング」とは何か

2 - 1. 現代におけるマーケティングの意義

2 - 2. マーケティングの定義とプロセス

3. マーケティング管理に関する課題

4. マーケティングにかかわる情勢変化

5. マーケティング1.0から3.0への変遷

5 - 1. マーケティング1.0と2.0

5 - 2. マーケティング3.0の時代へ

6. 新しいマーケティング4.0の時代

6 - 1. マーケティング3.0から4.0へ

6 - 2. マーケティング4.0の時代背景

6 - 3. デジタル・マーケティング

7．まとめ：流通革命に向けて

  7－1．「ネットとリアル」の融合

  7－2．流通革命とマーケティング

英和対訳例（翻訳部分） *197*

索 引（翻訳部分） *209*

第 I 章

企業活動の性質と関連性

　企業経営者は科学的精神を持って自己の問題に取り組み，その問題に対処し，解決をはかる際に指針を与えてくれる的確な情報を持つべきである，という一般的に良識ある感覚が外国には存在する。それにもかかわらず，最近まで企業経営は主として経験に基づいて発展してきた。そこで，的確な情報に基づいて科学的に取り組むために，統計数値の収集や分類や解釈を担当する部門が多くの企業に創設され，諸資料の調査とかテストをする研究所が設立された。さらに，企業活動に関連するあらゆる業務やプロセスを研究し，それらを実施するもっとも効率的な方法を発見し適用するために，訓練を受けた特別なスタッフが配置された。このようにして確立された基準は，調査を実施する各企業の内部経済に役立つばかりでなく，多くの場合，産業全体の外部経済にも適合した。

　個々の企業は，こうした情報の収集と方法の標準化に非常に力を注いできた。例えば重要な活動記録だけでなく，コスト，生産高，

2

販売のしやすさ，その他の類似する重要な事柄に影響を及ぼす細部の記録までも保存されてきた。また，比較分析と図表化は，こうした要因の1つ1つと企業活動の主要な目的との関連性を明確にし，今後の方策を決定する際に経営者に指針を提供した。しかしながら，そこで得られた実態と結論が，他の企業で得られた同じような結果と対照されることはめったになかった。全般にわたる標準化の体系的基礎となっているデータは，それを収集した企業の秘密事項であって，他のどの企業も入手する権利を持ちえないものと通常考えられていたからである。

　企業経営者が指針として経済理論を参考にすれば，ある種の方向性を示す一般原則を見い出すことができるであろう。例えば収益逓減の法則は，ある一定基準を超えると，支出の増加に比例して生産高が増加しなくなることを明らかにしている。市場の開拓は原野の開拓に非常に似ており，資本と労働を合わせて2にしたとしても，資本と労働を合わせて1だった場合の2倍の収益をもたらしはしない。収益率が支出の増加率に比例しないポイントがあるからである。つまり，特定の販売区域において販売員の数が増えれば増えるほど，原則的には注文の総数も増えることになる。それなのに実際には販売員1人あたりの支出が同じであるにもかかわらず，1人あたりの平均受注数が減少するポイントに到達する。そうなると，その地域からの収益は利益水準以下に落ち込むことになる。なお，経済理論がもう1つ貢献していること——すなわち消費者余剰の理論——は本書のなかで考察が加えられる。

　しかし，信頼できる科学的な企業経営の原則に関する体系が，未

だに存在しないというのも事実である。大まかな一般原則を基礎づけている大量現象についての研究は，まだ体系化されていない。成功した企業によって立案されたルールはあっても，それらは慣習や政策，いろいろな産業や地域で広まっている伝統や諺，それに記録されてはいるが大部分は入手困難な多数の個人や組織の経験などを表示したものにすぎない。こうした方法や政策は，特定の企業において特定の条件下で効率的であることがすでに証明されている。したがって，もし基本的な関連性に従って収集され分類されるならば，類似または相違する条件のもとで他の事業体でも有効であった方法や政策と比較することが可能となる。その結果，基礎となる諸原則が，合理的な企業経営思考の方向性を示したり健全な企業経営判断を形成するために，明らかにされるだろう。

　しかし，結局のところ，あらゆる活動の性質や関連性を発見してから立証し，さらに企業の経営者にとって有用で信頼できる企業運営の諸原則を提示するためには，作業中の従業員を実際に観察してみることが必要となる。つまり，釘を打つ，鋼板を切断する，ベニヤ板を製作する，ボール盤の手入れをする，完成品を梱包する，製造原価を計算する，価格を設定する，注文書に書き込む，広告を作成する，商品を引き渡す，貸付金の交渉をする，集金する，苦情を処理する，さらに企業活動の骨格を形成している他の無数にある業務を遂行する，などの諸活動を研究することによって可能になるわけである。ところで，こうした職種や特徴が大きく相違する活動は何万とあるが，すべての活動に共通する要素はあるのだろうか。こうした諸活動の分類が少しずつ明らかになるように機能し，しかも

4

明確な論理性があって実際に使用できるような簡潔で統一性ある概念や原則が存在するのだろうか。

1　あらゆる作業に共通する要素

可鍛鉄鋳造における平削り盤切断を指揮している工場労働者を観察してみると，原材料となる鋳鉄の形態（form）を変えるために鋳鉄の一片に処理を施していることがわかる。工場で調理された包装食品をカウンター越しに消費者に手渡している店員を観察すれば，結果的にはその店員の作業は食品の場所（place）を移動させていることになる。商品を発送するために机にすわって送り状を作成しているタイピストを観察するならば，物質の形態を変えるためでもなければ商品を移動させるためでもなく，そうした変化を促進する（facilitate）ための作業に携わっていることに気づく。

企業活動に関する作業は非常に多種類にわたるが，つねに各作業に共通する本質的な要素は動作である(E. v. Böhm-Bawerk, *Positive Theory of Capital*, pp. 12-13 を参照せよ)。企業のどの分野や局面でどんな活動を調査しても，本質的な要素はきまって動作を素材に適用することにある。

この単純な概念から出発すると，こうした諸活動を分類するための簡単明瞭な共通基盤の存在することが明瞭になる。ただし，その概念自体の哲学的な側面に私は関心を持っていない。企業体のさまざまな部門に見られる素材，従業員，業務，それにプロセスを種類や特徴によってただ単に配列する代わりに，出発点となるべき単純

化され統一された原則を提供してくれるというだけで十分だからである。真に考察されなければならないのは、作業の性質ではない。それは1ダースの鉛筆や1箱の紙クリップを調達するといったような、組織を形成しているすべての部門に共通する行為である。あるいは、鋳造工場で溶けた金属を流し込んだり給料支払名簿を作成するといったような、他の場所では繰り返されない特殊で個別的なプロセスである。したがって、それらの特質だけでは分類の有用な手がかりにならない。そこで、共通する基本的要素に着目し、「この動作の目的（purpose）は何か？」という問いを発してみて初めて手がかりが得られることになる。

　私はこの単純で非常に明確な考え方の重要性を誇張したいのではない。私にとっては、それが企業経営に関する諸活動を位置づけ、それらの間に横たわる諸関係をひもとく糸口となった。その考え方は、こうした諸活動の分類やそれらの関係から生じる諸問題にアプローチする方法にとって手がかりとなるばかりでなく、日常生活で用いることができるものとしても役に立っている。というのは、この分類の最終的な効用は、目的のない動作を捜し出し、それらをできるだけ排除することによってエネルギーの保存を促進することにあるからである。

　この最後の点に関しては、必ずしも動作の総数を減らせばよいというわけにはいかない。綿密な分業体制をとる現代の迂回生産方式のもとでは多くのいろいろな動作を長い期間にわたって配分するけれども、すべての動作による集団効果が働いて最終的な生産高を上げるか、またはコストを減らすことが可能となるからである（E. v.

Böhm-Bawerk, *Positive Theory of Capital*, pp. 17-20 を参照せよ)。
個々の動作や作業それ自体を研究し，さらにそれらを取り巻く他の
活動との関連性を研究したうえで「その目的は何か？」という質問
に対して満足な答えが得られなければ，それは不必要で無用な動作
だと推定するのに十分な根拠がある。その動作や作業は企業の伝統
や商慣習によって是認されるかもしれないが，不必要な性質がその
まま残るので排除するほうが明らかに賢明である。それゆえに，こ
の分類が効率的であるかどうかがテストされることになる。こうし
て，個別的な観点と社会的な観点の両方から，企業活動における目
的のない動作は，どれも経済的に無用で不適切な動作となる。

2　企業活動を分類する目的

　経営者の立場からすると，この分析の目的は企業経営に関する諸
活動を位置づけ，それらの関連性を追求し，そこから生じる問題を
究明するだけでなく，各動作を調査し，その目的を明らかにするこ
とでもある。この点，前述した3つの典型的な作業——工場の労働
者，小売店の店員，および事務所のタイピストの作業——について
は各動作の適用に明確な目的があり，それぞれの例が企業活動の大
きな3つの分類項目の1つを代表していた。

1.　生産 (production) 活動，それは原材料の形態を変える。
2.　流通 (distribution) 活動，それは生産された商品の位置およ
　　び所有権を移動させる。
3.　促進 (facilitating) 活動，それは生産および流通に関する作

業を支援し補助する。ただし，この活動自体を適切に示す用語はない。例えば，促進（facilitation）という言葉はぎごちなく，管理（administration）という言葉も正確ではない。なぜなら，管理というのは，経営者が生産および流通の機能との間に存在する関係と同種の関係を持つ別の機能グループがあることを示唆しているというよりも，むしろ企業に対する経営者側のすべての関係を示唆しているからである。

(注) 企業経営者と経済学者は同一の要因や現象を取り扱っているけれども，専門用語に関しては必ずしも一致していない。経済学者は生産手段に土地（すなわち自然因子），労働，資本，それに組織する能力を挙げている。つまり，企業経営者が流通およびさまざまな促進機能の項目のもとで別個のグループに分類する活動を生産に含めてしまっている。一方，企業経営者にとって生産という用語には，製品の製造に直接関係している活動全部が含まれている。企業経営者は具体的な用語を使い，例えば資本の代わりに工場とか設備，土地の代わりに素材，あるいは土地から直接得られる産物などといったりする。活動的な手段を労働として表現する際には経済学者の用語を用いるが，組織する能力というよりはむしろ組織化という。もちろん，観点が異なっていることに注意しなければならない。すなわち，経済学者は社会的観点に立ち，企業経営者は利益を求めて企業の運営に従事する個別的観点に立っている。すでに試みた諸活動の再分類を特徴づけるために，ときおり新しい表現を見つけることが必要になる。しかし，以下のページでは企業経営者の言葉を用いることにする。その結果生じる専門用語のぎごちなさは，どれも考え方そのものに関して読者の考察を歪曲するものではないと確信しているからである。

8

　企業活動の性質や種類が何であろうとも，その最終的な結果は上述した3つの活動のうちのどれか1つに入る。

　さらに調査を続けて生産に寄与するあらゆる動作を研究し，その各動作の目的を探求していくと，それらはプラントまたは操業に関する活動との関係に基づいて2つのグループのどちらかに入ることがすぐに明らかとなる。これらの各グループの中で引き続きはっきりした区分けが行われ，個々の作業のどれもがおのずと明確に位置づけられていくことになる。まずプラント活動は(a)立地，(b)建物，(c)設備の3つに関連する作業に分けられる。つまり，いつでも操業できる工場を設置する作業である。次に，操業活動は(a)原材料，(b)その形態を変える動作を行う従業員，そして(c)組織化——もっとも効果的な結果が得られるような原材料や動作の調整とコントロールを行う——の3つに関係している作業に分割されていく。

3　相互依存の基本原則

　大ざっぱに見てみると，立地や建物や設備の問題は類似していて相互依存的である。したがって，他の作業を不変的な要素と考えなければ，そのどれ1つとして解決されないし，プラント活動の効率性も保証されないであろう。続いて操業活動は非常に密接に結びついており，しかもプラント活動と相互に影響しあっているので，どの要素もそれ1つだけでは重要視されず確定されもしないであろう。そこで，両方のグループの中のそれ以外の活動との関連性についても考察されなければならなくなる。このような相互に依存しあう関

係は，生産，流通，および管理に関するすべての活動にも同じように
して広く当てはめることができる。

　幅広い経験を持つ人ならだれでも，この相互依存を企業経営にお
ける基本原則と認めるであろう。さらに当然の結果として，これら
の関連性のうえに均衡が保たれなければならない。例えば，製品を
実際に製造する際に観察されるコストや品質やサービスの比例関係
は，販売力によってもたらされるものと同じでなければならない。
そうでなければ顧客に不満が生じ，内部の軋轢が深まり，能率や信
用や利益がすべて損なわれるであろう。あるいは逆に，切迫した信
用政策が販売に及ぼす影響を考えない信用担当マネジャーの姿勢は，
有能で熱心な販売員の努力を妨げるかもしれない。

　しかしながら，市場の問題に関する論文への前置き——というの
は，それがこの第Ⅰ章の性格であるが——では，工場の関連性や依
存性を探求するには及ばない。ここでそれらを指摘した理由は，生
産に関する有形の原材料や動作を取り扱う際に，分類される事柄が
明確で測定可能な特質を備えているために，こうした接近法の応用
と分類法の策定がはっきりと示されるからである。一方，流通活動
は無形の数量を取り扱い，しかも商品に客観的な効用を何も付加し
ないので分析するには複雑な問題を提示するけれども，同様の接近
法に対し類似の分類法を適用することができる。

　さて，流通活動を考察する場合に，目的に応じて最初に大きく分
類してみると，結局２つの下位グループに分けられる。すなわち，
需要創造活動と物的供給活動である。

　需要創造活動は消費者に焦点を当てている。この活動の目的は需

要を喚起し，代金を支払う意思を高揚させ，入手するために必要な努力を確実に行わせるような製品に関するアイデアを消費者に伝達することにある。

こうして喚起された需要は，1つまたは2つ以上の機関を通して商品が実際に移転され需要を満たす準備が整わないかぎり，商業的または経済的な価値を持つことはないであろう。需要創造活動と物的供給活動との関係は，企業経営機構の全般にわたって相互依存および均衡の2つの原則に継続性があることを如実に示している。したがって，どれか1つの活動が同じグループに属する活動や他のグループに属する活動と調整がつかない場合とか，これらの活動のうちのどれか1つを必要以上に重要視する場合には，効率的な流通をもたらす諸力のつり合いを必ず壊すことになる。

「生産によって利益をあげるのに十分な製品需要は，どのようにして創造できるのか？」というもっとも重要な問題を解決するためには，同時に「どのような経路を通して，この品物を商品価値が最小になっている工場の倉庫の中から，商品単価は必ずしも最高ではないがもっとも利益を生む価格で購入してくれる消費者の手元へ運ぶことができるのか？」という付随する問題をも考慮に入れなければならない。

需要創造活動をプラントまたは操業に関係する活動に区分すると，生産活動に類似するものが具体的に現れてくる。その類似性はプラント活動自体が目的に応じて立地，建物，および設備という項目のもとに分類される場合と変わらない。その一方で，操業活動は素材（商品に関するアイデア）に深くかかわっているのか，これらのアイ

デアを消費者に伝える機関（生産における労働力に相当する）に深く
かかわっているのか，あるいは組織化に深くかかわっているのかに
よって分類される。

4 生産と流通の類似点

生産と流通の双方において，プラント政策は策定された後で具体
化する。ところがその一方で，操業活動は経営者に日々新たな問題
を提起する。需要創造に関しては，経営者の注意を要する問題が激
増し，分析や意思決定が一層難しくなっている。その原因は一般的
な基準がないことに加え，関係する要因がすべて簡単には測定でき
ない量的なものだったり，不安定な人間関係だったり，究明されて
いない市場心理の複雑さだったりすることにある。

この分類法を採用するために企業経営者に必要なのは精神的に順
応することだけであり，これによって商品に関するアイデアが真に
需要創造の素材になるという考え方を受け入れることができるよう
になる。専門用語が新しくなり仮説は広範囲にわたるが，この分類
法は日頃の企業経営に応用できると考えられる。確かにそれは流通
問題に対するアプローチを単純化している。なぜなら，商品に関す
るアイデアがセリング・ポイントとなり，そこから販売員や中間業
者や広告業者は議論や実践を推し進めていって，消費者の心の中に
製品への興味や製品を所有し満喫したいという願望を抱かせること
になるからである。

需要創造の大部分は応用心理学に関する問題であるという現実が

あるにもかかわらず，需要創造の素材と工場の原材料との間には強い類似性が見られる。それらを効果的に用いるためには，両方とも動作が適用されなければならないからである。つまり，商品に関するアイデアを，原料のまま在庫品とほとんど同じくらい有形で明確なものとして論じることができるわけである。ということは，それがもたらす結果を，かなり正確に測定することが可能になるはずである。とりわけ広告については，販売員の個性によって問題があいまいにされることはない。このことは，1つ1つのアイデアの販売高をテストすることができ，同一のアイデアの異なる組合せを比較することができ，さらにアイデアの伝達に使われた機関の効率性を相対的に決めることができる，ということを意味している。製造に使われる原材料を必要な時がくるまで在庫として蓄えておくのと同じように，書面に印刷されたシンボルもまた特定のアイデアや一連の関連したアイデアを表しており，索引を付けて正確にファイルすることができるようになる。

　ここにこそ商品に関するアイデアを需要創造の素材として取り扱うことができるとする考え方の有用性がある。素材と考えるならば，そうしたアイデアを分析的なプロセスに付することもできるが，それは生産における原材料の品質を測定して製造業務の指針となるべき基準を確立するために，工場の実験室で行われるプロセスに似ている。こうしたセリング・ポイントをテストして改良を施すことについては，後章においてある程度の考察が加えられる。しかし，今日では流通におけるアイデアの重要性が高まってはいても相対的には軽視されているので，その考察は必ず行われなければならないと

考える。

　諸基準が工場内で必要不可欠と認められるのは，原材料の購入や加工処理を管理し点検するためにだけである。しかし，類似の基準が需要創造においては，それよりずっと効果を発揮する。なぜならば，テストして実証されたセリング・ポイントはどれも無尽蔵の素材となり，伝達に使われる種々の機関によってそれ自体が多様なやり方で用いられたり，あるいは他の商品に関するアイデアと結びついて何度も繰り返し用いられたりするからである。

　こうしたきちんとした諸活動——需要創造における素材の収集，分類，テスト，および標準化——があるにもかかわらず，経験的方法のたぐいの中にも販売員の実践原理である「まず最初に自分自身を売り込め」という類似のものがある。

　やがては，この素材分析を大いに拡張し単純化することができるであろう。ところが，これまで心理学の専門家は，企業経営者の関心をひく問題にほとんど取り組んでこなかった（若干の注目される例外はあった。W. D. スコット博士の *The Psychology of Advertising* を参照せよ）。加えて，すでに得ている結論さえも実践的な価値を持つことはめったにない。その主な原因は，心理学者はテスト用に質問表を作成する際，企業経営者が知りたいことを必ずしも認識していないからである。

　心理学者は一連の広告を30人，40人，50人の学生集団（彼ら自体が性格，好み，それと購買力の点で平均的な消費者から大きくかけ離れている）に提示し，そのうちどれが一番効果的かを指摘するよう求めることで世に知られている。しかし，もしも同じような機会が与

えられれば，企業経営者は非常に典型的な問題点を選び出し，それぞれの質問をする背景として具体的な目的を設定するであろう。その質問とは「どの広告が最初に注目をひくでしょうか？　どの広告に関心を持つでしょうか？　どの広告が好奇心をあおり，書状や最寄りの店で買い求めるくらいに製品への購買意欲を起こさせてくれるでしょうか？」などである。つまり，1つの論点が恐らくかなりたくさんの具体的な質問に分割されているために，それらは大きさ，形態，アイデアの量と性格，イラストの種類，それに読む人の注意を確実に引きつけて必要な行動——これがクーポン券に記入することであるにせよ，あるいは署名のある注文書と小切手を同封することであるにせよ——を起こさせる説得の仕方などに関する的確な情報をもたらしてくれるであろう。

どんなに科学的に工場の原材料を標準化したとしても，無形のものに対する基準を明確にできる可能性が一般の生産者によって追求されることになるだろう。というのは，他の分野と同じように流通の分野においても，これまであまりにも多くの企業経営者が経験的方法に固執してきたからである。

5　企業経営における経験的方法

企業経営者は製品を分析して得られるもっとも効果的な販売アイデアを推測し，これらを表現するもっとも有効な形態を推測し，さらに見込客にアイデアを伝達するためのもっとも効率的な機関や媒体を推測する。彼らは，こうしたずさんなやり方で得た一連の概算

や見解に基づく販売キャンペーンに，毎年総計で何百万ドルも使っている。

そこで，一致した計画のもとに政府と民間機関の協働によって，あらゆる流通活動を徹底的に研究することの必要性が強調されている。マーケティング・システムの効率性に関連する需要創造の素材だけでなく他のあらゆる要素についても標準化があまり行われていないために，金銭や労力や商品が恐ろしいくらい浪費されているからである。連邦政府は，入手できる情報はすべて収集し分類し標準化するという考え方のもとに，すでに研究に取り組んでいる民間機関や同業者団体や大学と協力して企業活動の体系的な調査に乗り出し，国内の企業経営者たちの間にこの知識を普及させるために何らかの常設機関を設置すべきだと唱えている（私はこの数年間に幾たびか *System* 誌の論説欄で，この見解を主張してきている）。

さて，本書の分類法に戻ろう。需要創造に関する素材を集めてテストした後，企業経営者が次に取り組む問題は，製品が視野に入ったら直ちに購買者となるように直接的かつ正確に見込客の頭の中へ製品に関するアイデアを伝達する方法を確立することである。この伝達という仕事については，3つの重要な機関が出現したことに気づく。すなわち，中間業者，直接販売員，それに直接的または一般的な広告である。そこで，決定しなければならないのは，この3つの機関のどれが他の生産や流通に必要な活動——例えば物的供給活動など——を妨げずに需要創造の仕事を成し遂げられるのか，あるいは販売分野のさまざまな地理的・社会的・経済的領域において2つ以上の機関が有利に結合できるのか，それとも独立して利用する

ほうがよいのか，といった点である。

　これは生産者にとってきわめて重要な課題であり，以下に掲げる
のは生産者が究明しなければならない問題点のいくつかである。例
えば，直接的に販売すべきか，それとも業者を通して販売すべきか。
さらに，商品が通常の経路によって消費者へ移転するならば，需要
創造という仕事の全部または一部を一連の中間業者に依存すべきか。
あるいは，大幅に出費を増加させることなく広告および販売に伴う
負担をすべて引き受け，供給機能──製品を在庫として蓄え，必要
な時に消費者に手渡すという機能──だけを卸売業者や小売業者に
委ねることができるのか，などである。

　現在の商品取引慣行には，可能な手順のすべての段階が包含され
ている。つまり，あらゆるレベルの販売協力によって，需要創造の
仕事に関してはすべて中間業者に依存する段階から，製品市場を開
拓し存続させるという仕事を製造業者が完全に担う段階までも含ん
でいる。例えば，ブランド化され全国的に広告される非常に多くの
食料品は，この最後の段階にあたる。衣類，工具，家庭用器具など
のようにトレード・マークの付いた広告商品は，販売協力によって
特徴づけられる段階の中間に位置する。また，生産活動だけに従事
している企業によって製造される何千という商品は，最初に示した
マーケティング依存の極端な段階の典型例となる。

　伝統的な流通システムと呼ばれる制度の発展は，次ページ以下で
ある程度詳しく考察する。したがって，そこで読者が遭遇する分析
や結論をここで想定しておく必要はないし，需要創造だけでなく商
品の物的供給においても中間業者を明らかに排除する傾向が見られ

る点をどう考えるのかについて詳しく述べる必要もないであろう。

6　流通経路の短縮化

　関係する諸機関の全部が流通経路の短縮化を指向している点は，現代の企業経営におけるもっとも興味深い発展の１つといえる。中間業者の果たすさまざまな機能を製造業者が担ったことに端を発して，そうした傾向は卸売業者と小売業者の双方に同じ目的を持つ正反対の行動を引き起こした。(もっとも典型的な製品だけを挙げると)靴，衣類，それに銀製品の製造業者の多くは，事実上卸売業者を無視して直接小売業者に販売し出荷している。その他の多くの製造業者も中間業者をまったく経由せずに，通信販売ルートによるか，専属店または特定の販売員を通して消費者と直接取引している。

　これに伴う取扱数量の減少を補うために，卸売業者は自社ブランドを開発し，実際には自身が製造業者になって連鎖組織からメンバーを１人減らしたのである。しかし，ここでもなお，方法に相違が生じている。例えば，シカゴの私の家の近くにある２つの大型販売店のうち，一方は実際に所有者になることによって重要な供給源をコントロールする政策をとった。ところが，他方は多くの小規模生産者を自己の組織に統合し，運転資金，型や様式の提案，さらには生産品全体の市場を提供することによって，小規模生産者が生産問題だけに集中できるようにする政策を選択した。また，大規模小売業者も同様に主要な商品の専属的供給源を開拓することによって，消費者に直接販売する製造業者に劣らないくらいの効果的な短い流

通経路を持っている。

　生産－流通の方程式を単純化するためにこうした相容れない動向から生じる結果を分析してみると，製品の市場を求める製造業者は，中間業者を完全に排除してしまうことが当初予想していたように現実的で決定的なことなのかどうかを自問しなければならなくなる。製造業者は特定の事業で中間業者を排除することが，取引における全体的なマーケティング機構から自己を排除しはしないという蓋然性を考慮しなければならない。そして最後に，もっとも賢明なやり方は，協力している中間業者と流通機能を分割することなのか，すでに取引に関与している同業者と市場を分割することなのかを，個々のケースについて決定しなければならない。

　いくらでも種類がある非日用必需品——市場の用語では「専門品（specialties）」——に関しては，消費者広告や直接販売員が需要創造において用いられなければ，販売を最大にするといったようなことはできないのが実状である。

　製品が日用必需品を改良しただけのものであっても，周知の特徴を保持して魅力が増すようにデザインや仕上げが精練されているというのであれば，中間業者の関心を引き寄せて注文を獲得するために特別な刺激を加える必要などまったくない。もちろん，専門化が製品に効用を付加したり，あるいはユニークな効用を与えたりする場合でさえも，価格の上昇とか品質の低下は容易に受け入れられるものではない。

　しかしながら，商品の特性や品質や用途が一見したところ明白でなく，実演をしたり，得意先や消費者になじみのないアイデアの開

発が必要になるような場合には，これらのセリング・ポイントを複数の中間業者を通して伝達する作業には困難がつきまとう。大きな困難が発生する原因は，差別化された製品が需要創造のあらゆる段階で個別的な取扱いを必要とするからだが，その一方で特別な配慮をする機会を妨げるような状況が存在する。例えば，差別化された製品が中間業者の関心を引こうとして自社ブランドとも競争していたり，あるいは販売がしやすいとか販売高を損なわずに中間業者に商品1単位あたりの利益を大きくするような品質の劣る商品と競争しているような場合には，需要創造を直接行う機会がさらに減少することになる。

7 流通における実践的問題

　生産者の広告と直接販売員が中間業者の需要創造機能を奪ったのか，それとも軽視された作業を遂行するために発展したのかどうかという問題は，さしあたり重要なことではない。業務の中で独自性が確立されているかぎり3つの機関は存在し，流通面で機能し続けるであろう。企業経営者にとって——実際には社会にとっても同じように——重要なことは，最小の労力と費用で製品に対する最大の需要を創造するために，それらの機関をいつ，どのように結合したり独立して使用したりできるのかを決定することである。

　このように「いつ」そして「どのように」使用するのかを考察することによって，需要創造のもとで操業活動の第3の最終グループが浮かび上がってくる——それらは地理的区画，価格設定，および

20

機関の選択や結合の観点に加えて，経済的および社会的階層の観点からも市場の分析にかかわっている。このグループの指針となる政策，およびそれらの相互関係や他の流通活動との関連性は，本書の次章以下で概説される。

　よく知られている分析を新たに適用することによって読者をうんざりさせないために，流通活動の第2の重要な部分——それは商品の物的供給に関係している——がすでに需要創造で示されたグループと類似するグループに分割されるといえば，ここでは十分であろう。目的に従って分類すると，明らかにされる最初のグループ分けはまったく同一である。すなわち，それはプラント活動と操業活動である。

　プラント活動には類似点があり，これらは立地，建物および設備にかかわっている。操業活動のもとでは，流通する商品が他のグループの素材に相当する。その一方で，機関は都市や郊外の地域に置かれる支店や専属配達所のような直接供給組織，すなわち伝統的システムの機能的中間業者であるか，あるいは消費者に直接接触する方法を提供する倉庫会社や運送会社のような機能的中間業者であるかのどちらかである。また，20ポンド小包を取り扱い，配達した時に集金する国内小包郵便制度の設立は，最終ユーザーへ商品を配達するもう1つの安価で大衆的で普遍的な手段を提供している。さらに，組織化はサービスを受ける市場や地域の分析，および最小の費用で需要の漏えいを最小限にとどめて喚起される需要に供給を行う機関の選択や結合と関係している。

8 経営管理における分業

　生産および流通の認識される活動については以上で十分であろう。しかし，促進活動としてすでに指摘されている第3の基本的な分野——例えば財務，債権と取立，購買，雇用，会計と監査，記録と統計，事務管理——が残っている。生産活動や流通活動のなかに分業がしだいに浸透していくにつれ，これらの諸活動のコントロールは複雑かつ困難になっていった。いわば企業経営というチェス盤の上にある区画が増加し，最終結果は各区画を全体の計画が進展するよう操作するやり方にますます多くを依存するようになってきた。そこで，結果として出てきた無数にある細部の項目を調整し処理する必要性が生じた場合，経営者は自ら直接手を下すのではなく，該当する素材や動作や関連性について述べた書類を扱わなければならなくなった。

　このようにして企業の重要な活動と接触し続けることができる点が，企業組織を非常に大きくし業務の規模を大幅に拡大するのに効果を発揮した（Alfred Marshall, *Principles of Economics*, IV, XI, pp. 278-289 を参照せよ）。最終的に，コントロールされる事柄とコントロールする経営幹部との間に距離があるばかりでなく，企業が大きくなって複雑な性格を持つようになったことがあらゆる促進活動の効率性を助長した結果，分業の原則が広く用いられるようになった。それを受けて管理機能の分類と組織化も当然行われた。

　統計の収集と分類，報告書の作成と情報の図表化，暗算のチェッ

クのために機械を導入することは，管理活動の量とこれらの業務に
区分された動作の数が非常に増大したことを示唆していた。つまり，
それらの数や範囲や重要性のゆえに，生産活動や流通活動とは分離
しているけれども対等な別個の活動グループとして認識せざるをえ
なくなった。したがって，それらの活動を統括して関連性を確立し，
それらのどれ1つとして経営者の意思決定に不当な影響を及ぼさな
いくらいに経営者から引き離しておけるような体系化された方法が
絶対に必要となった。要するに，他のあらゆる企業活動と均衡を保
つ方法が必要になったのである。

9 分類による諸活動の位置づけ

それらの機能に共通する目的を発見することが全体的に手間どっ
たのは，恐らく分析が遅れたせいであろう。中小企業では，明らか
に関連している管理活動に対しては生産組織や販売組織に責任を持
たせているか，さもなければそれらを経営者の直轄のもとに置いて
いるのが通例である。したがって，それらの業務を効果的にコント
ロールしていかなければならない切迫した問題に直面している大企
業だけが，直接的に寄与してはいるが生産活動にも販売活動にも分
類できない補助的な機能グループとして分類している。

このような動作および作業の多様化に対処して，経営学者だけで
なく経営者もまた何らかの分類体系がそれらの関連性を明確にする
ために必要であることに気づく。それゆえ，目的を探求する際に，
企業経営の促進活動として共通する性格がすぐに現れてくる。つま

り，すでになじみのある方向に沿って分析を続けていくと，それら
は最初にプラントおよび操業の機能に関する2つのグループに分け
られる。前述したように，機能と立地・建物・設備との関係に応じ
て最初のグループはさらに細分されていく。操業活動を取り上げる
と，それらもまた通例の方法で分割され，素材，労働力，および組
織化に分類されていくことになる。

　　(注)　この分類がどのようにして現在の企業経営慣行と一致するのか
　　　　を容易にテストすることができる。購買請求はプラントと設備また
　　　　は原材料と在庫品に関連し，その一方で雇用請求は労働に関係があ
　　　　る。それらは企業の製造活動，流通活動または促進活動のうちのど
　　　　れか1つから発生している。最初の2つの機能グループは購買機関
　　　　に集中しており，労働は普通の企業の雇用部門や雇用担当者を想起
　　　　させる。工場や最終製品在庫部門に加えて，出荷請求はこのどちら
　　　　かによって承諾される前に，注文を伝えなければならない信用調査
　　　　係を直接巻き込む。結果的には，送り状の発送は集金部門の仕事で
　　　　あり，領収書は企業の財務部門の責務を表しており，社内記録は会
　　　　計，監査および統計部門の業務になる。

　しかし，重要な相違点もある。管理活動または促進活動の素材——
それに動作が適用されるが——は，遂行される機能を紙面に表示し
たものである。こうした紙面への表示は原因的（causal）——購買
または雇用請求，あるいは出荷請求——であるか，さもなければ結
果的（resultant）——送り状，領収証，および全社的または部門別
記録——のどちらかである。

　操業活動の残りの2つのグループのうち，労働は生産における労
働政策を決定する際に遭遇する問題と非常によく似た問題を提起す

る。どちらかといえば，事務職員を選抜し，訓練し，給料を支払い，そして統制することは，一層複雑な職務となる。最後に，組織化の問題は流通活動の組織化において提示された問題に相当する。

さまざまな部門の内部で，諸機能は一般によく理解されている。それにもかかわらず，自己の部門がどのようにしてこれらの機能を分割したり集中させたりするのかを決定し，全般にわたって協力が得られる政策を確立するという問題が経営者には残されている。もちろん，人間的要素はきわめて重要である。企業の性格や規模も，各部門の領域と機能の明確化を促進する。組織の規模が拡大するにつれて取引量が増えることと部門の管理者間における個人的接触が少なくなることの2つの理由から，一定の機能については重要性が高まる。このために，多くの企業はこれらの取扱いを生産活動や流通活動から管理活動のグループへ移転させてきた。

これらの機能に関する新しい分類を認識し，促進目的という共通した基盤の上でそれらを結びつける実践的な理由があるのだろうか。それは何らかの有用な目的に役立つだろうか。私の考えでは，それは役に立つ。すでに見てきたように，あらゆる企業のトップはすべての活動に対して一貫した政策を策定し継続する際に，相互依存の原則と均衡の原則によってコントロールされていることを認識している。しかし，典型的な企業が存続しているのは，それを支えている人間が専門家だからである。専門家は価値に対する買手の本能，販売員の手腕と熱意，あるいは工場の設立者としての忍耐と資源を資本化してきた。この特殊な能力に頼ってきたので，自己の偏向を修正するために何らかの体系的な分析方法や明瞭な分類体系を持た

ないかぎり，自己の専門性に頼りすぎて他の必要な機能を無視しがちとなる。

10　経営者の戦略的地位

　それゆえ，経営者の戦略的地位はどの部門の日常業務からも解放されているが，重要な細部事項とは接触を保っている。つまり，これ以外のどの見地からも経営者は自己の企業経営に関する明確なビジョンを確立できず，部門の偏向から身を守れず，さらには非常に精通しているか関心のある活動を強調しすぎる傾向を克服できないわけである。

　このことは，企業のトップが自己の展望を持ち続けるために，あらゆる細部事項との接触を断ち切らなければならないということを意味するものではない。数えきれないほど多くの小企業では，オーナー経営者が必然的に販売責任者か工場長，広告責任者，または購買担当者——財務や恐らくは信用貸しとか集金まで扱っていることはいうまでもない——となる。ここで提示された企業活動の分類がもっとも価値を持つのは，実際のところ，そのような経営者に対してである。なぜなら，結果がなかなか現れてこないために軽視されることが多い促進活動を，生産や流通と同じように重要なこととして強調しているからである。

　大企業でも確かに経営者は細部事項を処理しているが，それらは何かの前兆を示すものである。大企業のトップに関して一般に考えられることは，何百万ドルという取引に従事している人物だという

ことである。それなのに，大型の企業では銀行に1万ドルの手形を預けるのは単なる日常業務であっても，その一方で40セントの苦情は企業のトップが自ら処理しなければならない重要な細部事項になるであろう。なぜなら，それには部門間の慎重を要する関係，または企業と大衆との間にあるもっと慎重を要する関係が含まれているからである。それゆえ，大企業の経営者は絶えず細部事項——日常業務のささいなことではなく前兆となる細部事項——を処理しているわけである。

この分類を取り入れて利用するために，組織を生産・流通・管理の3つの部門に形式的に区分する必要はない。もっとも，この組織設計はアメリカの主要企業によって現在うまく活用されている。しかし，どの既存のケースの購買担当者も相変わらず工場担当役員であろうし，実験部門は販売担当者のもとで機能し続けるであろう。そこで重要なことは，顧客の将来のニーズを満たすために購入し供給する活動を，工場や販売部門だけでなく組織全体にかかわる活動として経営者自身が認識すべきである，という点である。このように見てくると，それらを監視し管理することは，製作や販売の作業を監督するのと同じように本質的には経営者の仕事となる。

それらを生産や流通と同等の企業経営全般に関係する促進活動と位置づけることによって，この分類体系は経営者に焦点を正しく当てさせ，そこから生じる諸問題に対する合理的なアプローチを提供する。例えば，経営者自身の伝統的な財務機能は経営者が行う企業に関するどの調査においても重要に見られるので，視野の狭い財務見通しが販売や生産に与える損失をまったく不明瞭にしてしまう。

したがって，他の多くの機能ほど重要でない促進機能として財務を適当に位置づけると，恐らく企業全体の活動を妨げるような不均衡が生じるであろう。

実際，適切な分類が最初に役立つのは，それを用いる人間が直接従事している作業から離れて，あらゆる活動を本来の関連性と調和の中で観察することができる場合である。つまり，この戦略的地位は細部事項から離れているか，あるいは少なくとも細部事項と認めることによって，その人がもっと幅広い問題を自由に考えられるようにしている。また，そのような問題への解決策が必要なのは，状況が絶えず変化していて民間企業に対する社会的コントロールが増大しているためである。

11 企業からの還元に挑戦する社会

ものを見る目がないのか非常に頑固でもないかぎり，企業経営者はもはや自己の事業の独裁者ではなく，自己の政策を気まぐれな思いつきや個人的な偏見，あるいは企業経営に関するまったく利己的な考え方に基づいては決められないということを認識しなければならない。社会は大学を出た人たちに，優れた教育を受けたメリットを活かしてコミュニティー・サービスの点でどのような還元を行っているのかを問うている。さらに，世論は以前よりも鋭く，より具体的な方法で企業経営者に同じ質問を投げかけ始めている。

「ここでは」と社会はいう。「あなた方には世界が進歩したどの段階においてもだれ１人として持てなかったような事業機会とメリッ

トが与えられている。安価で豊富で良質な原材料や燃料や建物がある。優れた性能や能力を備えた機械があって，驚くほどの低コストでほとんどの仕事をこなすことができる。こうした機械の仕事を管理し補助する優秀な労働者がいる。さらに広大な大陸——実際は全世界——を自己の製品市場と化し，労働や原材料，または設備の供給源にする包括的な輸送システムもある。求めることができるほとんどすべての必要な要素と有利な条件が与えられている。あなた方は製造し販売するために適切な製品を選び出して，適切な素材と適切な設備と適切な立地と適切なマーケティング・メソッドを選択する組織化能力を提供しさえすればよい。あなた方の組織力と資本を背景にして，私は私自身の貢献をしている。最低市場価格での価値やサービスのほかに，あなた方は私がコミュニティーの機構や機会に投資することに対する私の利益として，何を提供するおつもりですか？」と。

この問題への接近法を確立することなく，社会はますます包括的に目的に関する基本的なテストを企業経営者の活動にずっと適用し続けている。その結果，利ざやが非常に大きいので，社会は企業経営者に多くの単なる商業技術を実践させているにすぎない，と感じるようになってきた。社会は無用な動作が存在することを悟って，本質的な機能が不必要に重複していることに気づき，若干のケース——例えば，運送会社と競争して荷物を運ぶ小包郵便制度の設立——では，サービスとコストとの間にもっと公正な均衡を保とうとして抜本的な手っ取り早い方法を捜し求めてきたのである。

その他の場合には，州際通商委員会 (the Interstate Commerce

Commission) の任務，連邦取引委員会 (the Federal Trade Commission) のプロジェクトされた諸機能，さらに通商および産業を監督する州や地方自治体の委員会活動に見られるように，社会は規制とその修正という穏やかな手段を講じてきた。

12　企業の外部問題

　こうした社会の姿勢から，長い論議が尽くされた末に明確な立法政策が具体化されていくと，企業の外部問題 (external problems of business) と呼ばれる問題が発生する。もし個々の企業の広範な関係を図式化するとなれば，企業の内部および外部の諸活動を相互に影響しあう2つの活動範囲として表すであろう。ただし，経営者はその活動範囲の接点に注意しなければならない。内部問題というのは，生産，流通，それに管理と呼んできた諸活動の関係から生じるであろう。他方，外部問題というのは，企業にかかわりのある特定の人々と最初に関係を持つであろう。例えば，顧客や見込客，同業者，それに販売員や管理職員や事務員や工場労働者が所属している一般労働者団体である。さらに，この活動範囲の外側に，一般大衆と企業との関連性を示すもう1つのもっと大きな関係を発見するであろう。

　しかしながら，これらの社会的グループの双方を取り扱う際に，経営者は観察される直接的な活動よりも，むしろ行動となって現れる扇動的な動機のほうに関心を抱く。大衆および大衆と事業との関係を研究し始めると，さまざまな社会グループや社会階層に影響を

与え，自己の目的にとって有利または不利な行動に駆り立てるであろう動機をまず考察しなければならないことがわかるからである。例えば，従業員が快適で照明が良く換気の行き届いた職場から得る居心地の良さは地域社会の評価に反映し，その地域での販売高や従業員の属する大衆層の姿勢にまで恐らく影響を及ぼすことになるだろう。

　一般大衆との関係を左右する政策を決定する際に，企業経営者は修正を迫る3つの影響力——すなわち，同一の強い影響力を持つ3つの局面——を認識し，それに対して活動を適応させなければならない。これらのなかでもっとも理解しにくいけれども考慮に入れなければならない真の力が世論（public opinion）であり，世論は企業活動およびそれが営まれている状況に対する現代の思想や感情や倫理観の反応といえる。

　法（the law）は，これらの影響力のうちの2番目のものである。しかし，法は世論を明確な条文に具体化しただけのものである。一方，3番目の影響力にあたる政府（the government）は，この形成された世論を実行に移すための管理機関にすぎない。賢人とは世論に遅れないようについていき，国家や地域社会の考え方の変化を見抜き，しかも法の施行や政府機構との間に将来発生する紛糾を避けるように個々の企業の経営慣行を修正していける人物である。ところが，自己の事業活動に埋没している普通の企業経営者はときおり，社会の動向を把握していなかったり，あるいは社会の動向と企業経営とのきわめて重要な結びつきを認識していなかったりした。こうした世論を明確に反映する法が制定されるか，あるいは制定される

寸前になって初めて法の趣旨に気づき，その時にさまざまな市民組織を通じて国民は企業経営者が思っていたよりもずっと長い間にわたって根本的な問題を考えてきたのだということを悟るのであった。

　世論は基本的な力である。それなのに現在でも企業経営者は大衆の考え方を啓発することよりも，法律の解釈や政府の姿勢のほうに心を奪われていることは明白である。

　機能している立法，司法および行政の機構をすべて観察してみて，企業の所有者や経営者は，自己の重要な外部問題は主にそういった機構に関係しており，喫煙車での金持ちたちの議論とか居酒屋での労働者たちの雑談とか婦人クラブでの女性たちの討論には関係していない，とあまりにも簡単に結論を出してしまう嫌いがある。しかし，経営者が考慮しなければならないのは，まさにこうした話合いとそこから得られる確信である。例えば，1887年における州際通商法 (the Interstate Commerce Act) の通過は長期間継続された連邦の民間企業奨励策に端を発するものであったが，そのことは特に鉄道に対する補助金と土地払下げ，および産業育成のための保護関税にはっきりと示されている。90年には引き続きシャーマン反トラスト法 (the Sherman Anti-Trust Law) が制定されたものの，州際通商委員会 (the Interstate Commerce Commission) の管轄を明確に示す判決が下るまでには数年が経過していた。また，シャーマン法の包括的な範囲は，両法律の基礎をなすコントロールの原則を強調していた。

13 世論の支配的影響力

　制定された法律を裁判所の解釈と政府の施行によって修正してい
くためには，世論の力ほど良い例を挙げることはできないだろう。
採択された通商法は，個々の荷主やコミュニティーに有利または不
利な鉄道運賃の差別が国内企業にとっては脅威になるという，当時
広まっていた意識を象徴していた。シャーマン法は取引を制限する
契約や連合を非常にはっきりと糾弾していた。しかし，どちらの法
律も目的とされた諸慣行の根本的変更を達成したのは，まる10年
たって裁判所や国家政府が大衆感情の高まりに圧力を感じ始めてか
らであった。もし鉄道がこうした世論を考慮し，世論に呼応して運
賃や輸送政策を作り直していたならば，過去7年間にわたる不景気
の時代に少しは苦労せずにすんだであろう。

　ところが，この圧力は継続し，ますます強くなっていった。とり
わけ次の合衆国最高裁判所の判決の影響が，それを証明している。
つまり，その判決によってノーザン証券会社 (the Northern Securi-
ties Company) および石油とタバコの連合が解散し，排他的な無煙
炭契約が取り消された。また，自らの発議で全国的または地域的な
料金を設定できる通商委員会の権利が承認され，さらに通商法にお
ける長期および短期の条文の合憲性が宣言された。

　他方，行政面ではインターナショナル・ハーベスター社 (the
International Harvester Company) に対する係争中の応訴訴訟があ
り，その結果は競争を抑制するために実際に努力が払われたかどう

かよりも，むしろ競争を抑制する能力が会社側にあったかどうかに
かかっているという。そして，ついに最近の議会の立法計画の中に
は，不公正取引慣行を定めるクレイトン法（the Clayton Law）と
連邦取引委員会（the Federal Trade Commission）を設置する法律
が含まれていたのである。なお，この委員会は州際通商委員会が国
内の鉄道や荷主に対して持っている関係とまったく同じ関係を一般
企業に対して持っている。

　こうして連邦政府や州政府が企業の経営慣行にますます関心を寄
せるようになると，一般の経営者には新たな一連の外部問題が発生
する。過去には通常，一般の経営者は提案された制限立法や行政命
令に関する検討を大きな商業や工業の会社に委ねてきた。その理論
的根拠は，問題に対する利害関係が非常に大きいので，そうした会
社は一般の経営者の利害をも代表していると信じることができる，
というものであった。あるいは，もっと特殊な理由としては，これ
らの大規模な企業の行動によって注意を促されて，初めて一般の経
営者は問題の重要性に気づくのが普通だったからである。

14　企業に対する政府の姿勢

　しかしながら，将来，企業に対する連邦政府や州政府の姿勢は，
あらゆる工場や商店の行為に及ぼす影響力をますます強めていく方
向にある。もはや小企業のトップは法律や政府や世論との関係の修
正を，大企業や同業者の好意とか同業者組合を運営する人々の熱意
に任せてはおけない。そこで，一般大衆や法律を作成し執行する

人々に企業の活動や関連性や必要事項を理解させるために，商売がたきや商売仲間と協力しあわなければならなくなる。さもなければ，付加された費用の負担を競争的企業経営の法則のもとで消費者に転嫁しなければならなくなり，このため趣旨が良くない立法とか非現実的な立法は商業や工業の経営を妨げることになる。

　規則は理性的なものでなければならない。企業経営の技術を知っており，本質的な活動と非本質的な活動とを識別でき，しかも前者を促進することができる一方で，後者を排除してしまう人たちの手に委ねられなければならない。それゆえに，発展のためだけでなく自己防衛のためにも，企業経営者全員が法律の制定や行政官の選択を企業の重大な外部問題と考え始めなければならないわけである。世論は企業経営およびその問題点と複雑さについて知らされる必要がある。しかし，経営者自身が対境関係や世論に関心を持つべきであるというのは，大衆や立法者を啓蒙するという目的のためだけではない。企業経営者にとって社会の潮流の深さと方向を見きわめることが，今日ではこれまで以上に必要になってきたからである。

　要約すると，企業経営者は2つの異なる問題グループを考えるべきであり，それらにアプローチし解決する際にはつねに均衡の原則と相互依存の原則を普遍的に適用することを心に留めていなければならない。さらに，部門だけの必要事項という観点から処理できる問題は1つもないし，生産，流通，または管理だけの政策に限って影響を与える問題としてさえも処理できる問題は1つもない，ということを忘れてはならない。その代わりに，その問題は企業のそれ以外の多くの活動——恐らくは全部——を含む問題として取り扱わ

なければならない。しかし，もっと多くのことが必要である。企業
経営者はこれらの関連性を理解し，組織の内部および特定の大衆の
内部における諸活動の間にある適切な関係を確立しなければならな
いだけでなく，確信を持ち，時には法律や政治や世論として表出さ
れる一般大衆の心情をも考慮に入れて政策や慣行を適応させていか
なければならない。要するに，企業の外部問題は，いかなる組織内
部の政策も，関連した活動に対する社会の姿勢を考慮せずには策定
することができないという意味で，内部問題になるわけである。

第Ⅱ章

流通業者の諸問題

　企業経営者は商品の生産や流通に従事しているが，工場生産というのは比較的うまく組織化されていることに気づいている。経験的方法の時代は去りつつあり，進歩的な企業経営者は生産問題を解決するために，技術的訓練を受けた生産の専門家に助力を求めることができる。しかし，製品のマーケティングに熱心に注意が傾けられることはあまりなかった。今までのところ，商品流通に関する事実を収集し，記述し，関連づけるという試みさえもほとんど行われていない。販売活動はまったく経験だけに頼って行われているのが現状である。

　生産を組織化する際に達成された進歩は，体系的研究の所産である。実際のところ，何世紀もの間，生産問題に関心が集中していた。他の分野で成果をあげた研究方法が製造の問題に適用された結果，組織化された知識体系が形成されつつある。

　現在では市場流通の問題は，工場生産の問題に劣らないくらい体

系的研究を行うに値するようになった。完成品を作るために原材料に作業が施されるのと同じくらい，生産者の在庫品置場から消費者の手元へ完成品が移動することは必須なことである。また，マーケティングの問題は製造の問題よりも複雑だが，その理由は人間的要素が一層直接的に重要性を持つからである。

　なぜ体系的研究が流通問題に対して行われなかったのであろうか。その説明は経済史をさかのぼるとすぐにわかる。18世紀にイギリスで工場制度の確立をもたらした産業革命の主たる要因は，市場の絶え間ない拡大であった。その際，生産方法の大変革に動機を与えたのは，大量消費に見合う日用必需品の大量生産に関して生産者に対する圧力が急速に高まったことであった。その後一世紀の間，輸送手段が着実に進歩し，人口が未曾有の速さで増加するにつれて絶え間なく拡大し続ける市場に供給を行う必要性が生じ，このため生産がもっとも支配的な問題になった。つまり，経済状況が原因で生産が重視されたわけである。

　感知されたニーズがもっとも大きいところでこそ，人間の組織化能力は結集されるであろう。こうして，生産問題は，社会が直面しているもっとも喫緊な問題と感じられた。実際，生産を増大しコストを低減できる製造方法を改良した者は，多大な報酬を得た。それゆえ，そうした問題の解決に向けて，できうるかぎりの知力が引き出されていった。企業経営者は，より低いコストでより多くの商品を生産するという難しい仕事に最大の考慮を払ったのである。その一方では市場が絶え間なく拡大し続けたために，販売は相対的に容易な問題になっていた。

その結果，比較的効率の良い生産組織が構築されていった。まだ多くのことが行われなければならないけれども，近代科学の手法が生産手段を改善し組織化するために利用されている。生産能力の開発は素晴らしく，新しい生産工程が導入され，現在でも導入されつつある。新しいエネルギーが活用され，より経済的で効率の良い生産組織を構築する方法が絶えず吟味されている。いわゆる「科学的管理」が多くの産業で最近導入されたことは，長年にわたる進歩の一部を具現化したにすぎない。

われわれは生産効率を達成できる可能性の出発点に立ったばかりだが，これまでの進歩は既存の流通システムを凌駕してきている。もしわれわれの生産可能性が十分に活用されるならば，流通問題は解決されるに違いない。市場は潜在的に入手可能な商品に対して確保されなければならないからである。このことは概して，既存の市場をもっと徹底的に開拓することを意味している。こうして，個人の未形成な欲求が確認され，その欲求を満たす可能性が注目されなければならない。

確かに，人間の欲求がますます複雑になることを遺憾とする人たちもいる。しかし，これは哲学者の問題であって，企業経営者の問題ではない。われわれの文明全体を特徴づけてきたものは，より多くの商品と一層高度に差別化された商品に対する各個人の需要によってもたらされる生活水準の向上であった。したがって，企業経営者は人間の欲求を探り，それを満足させる手段を提供する時に自己の実践的な任務に気づくのである。

流通の混乱状態は生産の発展を阻害するだけでなく，途方もなく

大きな社会的浪費を伴う。すなわち，消費者は生産における「無駄な動作（lost motions）」に対してと同じくらい確実に，流通における「無駄な動作」に対して支払いを行っている。社会は非効率で浪費的な生産方式を受け入れることができないのと同様に，整備の不完全な流通システムを受け入れることができない。社会的なコストは，まさしく現実的なものだからである。

　今日における企業経営者のもっとも緊急を要する課題は，生産が研究されているのと同じように体系的に流通を研究することである。この重要な任務を行う場合に，経済学者や心理学者が有する専門知識の助けを借りなければならない。このようにして，企業経営者は高度に開発された学問分野で有用だった調査方法を自己の問題に援用し，実験的な観点を取り入れなければならない。そのために企業経営者の立場から商品流通に関する問題点をいくつか浮彫りにし，それらを分析し体系的に研究する方法を指摘するという試みがここでは行われる。

1　合衆国の状況

　消費市場としての合衆国が抱える問題は複雑である。ここでは1億人が300万平方マイル以上の地域（アラスカを除く）に分散している。何百万人もがひしめきあっている大都市に集まる人もいれば，隣人との間にかなりの距離がある広大な地域に点々と住んでいる人もいる。何百という小売店の前を毎日通る人もいれば，最寄りの店まで何マイルも車で行かなければならない人もいる。購買力には上

から下まで幅広い層がある。何百万もの人々は，自身では最少の生活必需品さえ十分に得られないほどの購買力しか持っていない。その反面，少数の人々だけが，人間ができる最高のぜいたくをしたいという気持を満足させることができる。この両極端の間にあらゆるレベルの購買力層があり，各層に属する人数は購買力が低下するにつれて増加していく。

　彼らの欲求は購買力と同じくらい変化に富んでいる。環境，教育，社会慣習，個人的習慣，それと心身両面におけるあらゆる差異は，人間の欲求を多様化する傾向がある。各個人の中には，満足を与えるために生産される商品を購入することによって，つねに満足を得ている意識的なニーズがいくつかある。そのほかに，購買力の限界や一層重要と感じられる他のニーズの存在によって満足を得られない意識的なニーズがある。それからさらに，ニーズを満足させる商品の存在を各個人が知らないために，表出しない未形成の潜在意識的なニーズがある。この最後の分類を説明する例として，20年前，近隣に床屋がまったくなく手も不器用な農夫には，安全カミソリに対する未形成のニーズがあったことが挙げられる。しかし，今日では流通業者が安全カミソリの存在に目を向けさせたので，未形成のニーズは有効需要となって表れている。

　一般に認められた流通システムは，恒常的なニーズを満たすために確立されたものであった。このため，上述したような市場の圧力によって，企業経営者は人間の未形成なニーズを探求する必要がなくなってしまった。ところが，最近では有効な市場を潜在的に凌駕する生産の発展により流通のほうに重点が移って初めて，企業経営

者は人間の欲求という未開拓分野において先駆者となった。今日では，より進歩的な企業経営者は消費の無意識的なニーズを発見し，それらを満足させる商品を生産し，そのような商品の存在を消費者に気づかせ，顕在化した需要に応えて商品を消費者のところまで輸送している。それは調整の仕事であり，自然の素材と力が人間の利用に供されなければならない。

この種の活動は市場に新しい消費の力を形成して文明の進歩に貢献したばかりでなく，日用必需品の古い流通機構を衰退させて新しい価格政策を生み出した。それゆえ，典型的な流通業者よりも進歩的な流通業者に注意を払うことが，とりわけ現在の流通問題を概観する場合には重要である。

新商品を創造することによって未形成な欲求を明らかにし満足させることに，進歩的な企業経営者は目を向けているばかりではない。既存の商品に対して設定された市場価格と，購買力や社会的地位や個人的習慣が異なる消費者のそのような商品に対するさまざまな主観的評価との間に差がある場合にも，同じような機会があることを理解している。

経済学者は「消費者余剰 (consumer's surplus)」について教えてくれる。すなわち，これは商品の市場価値と消費者個人の主観的価値との相違である，と。各個人は特定の商品をなしですますよりも代金を支払って購入するほうがよい価格が付いている商品間の交換比率を自身で設定する。このような主観的評価が市場において需要を構成する。つまり，需要と供給の相互作用は，競争市場で消費者が品物を入手できる価格を作り出すのである。

この市場価格が消費者の主観的交換価値によって決められる基準以上であれば，消費者はその市場から離脱して，他の商品を獲得するために自己の購買力を用いるであろう。しかし，市場価格が商品を得るために消費者が代金を支払ってもよい基準以下であれば，消費者は市場価格で購入しようとする。こうして，消費者の主観的な交換比率と客観的な市場での交換比率との差が「消費者余剰」を構成する。例えば1セントで新聞の朝刊を購入している資産家は，たとえその新聞の価格が5セント，10セント，ひょっとしてもっと高く設定されたとしても購入するであろう。しかし，価格をさらに上昇させていくと，どこかで資産家でさえも市場から離脱するポイントに到達する。そして，このポイントと1セントという市場価格との差が「消費者余剰」を表していることになる。

　というのは，真の価値は客観的なものではなくて主観的なものだからである。実際に交換の基準になるのは，商品がどれくらいまで購買者の欲望を満たすのかという程度である。したがって，特定の見込客が「消費者余剰」の多くを生産者の作る特定商品の特殊な形態のものと交換する際に，欲望をそれほど強く持たない他の商品やサービスにその「消費者余剰」を使う場合よりも大きな喜びを見い出すとすれば，生産者はそれらの商品を供給する時に真の社会的サービスを行っていることになる。

　もっと有能な流通業者は，通常は無意識的にではあるが，事実上の新商品に対する需要の基礎になるものとしてこのマージンを用いる。こうして，既定の価格を有する日用必需品から製品を差別化し，新たにより高い価格水準で改良された製品に対する需要を創造する

のである。

　差別化に用いられる方法はたくさんある。例えば，時々ほんの少し改良を加えるだけで，商品がその使用法に一段とうまく適合する場合がある。装飾品や装備の素晴らしさが利用される場合もある。新しくて一層便利な包装の仕方が用いられる場合もある。流通業者が商品に関する良い嗜好の雰囲気を作り出したり，消費者に不満を与えないことを保証する均一な品質についての評判を確立したりする場合もある。あるいは「サービス」や消費者への特別な便益に依存する場合もある。

　しかし，つねにその目的は実質的には同じ性質の在来商品から自己の商品を分離することにある。そこで，流通業者は自己の製品を他とはまったく異なる商品と認識させるために，ほとんどいつもトレード・マークやブランドやトレード・ネームを用いる。

　その際，流通業者は需要が他の商品へ移る以前に，主観的交換比率に基づいて在来商品より高い価格を支払う消費者に対し，さらに高い価格水準で自己の差別化された製品が存在することを伝えなければならない。つまり，差別化された製品の優れた品質や便益性や変わらぬ信頼性に注意を向けさせることによって，以前は在来商品の購入となって現れていた需要の一部を差別化された製品のほうへ転化させるわけである。

　帽子のマーケティングは，こうした発展を説明する好例となっている。もし山高帽がブランドのない日用品として，一定の品質に対して単一の市場価格で流通しているならば，多くの消費者は日用品の帽子に恐らく３ドル支払うであろう。その際，各個人は交換比率

に基づいて帽子なしですますよりは，帽子に３ドル以上を支払おうとするであろう。しかし，特定の生産者は自己の帽子をブランドによって日用品の帽子とはっきり区別した。消費者の注意を装飾品や仕上げの素晴らしさに向けさせ，しかもデザインに重点を置くことによって，５ドルで帽子に対する需要を確立したのである。ところで，このようなトレード・マーク付きの帽子と３ドルで売られているブランドのない日用品の帽子とでは実質的に同じ商品になるけれども，細部に改良が加えられて差別化が行われている。こうした細部に違いがあるために，裕福な消費者はトレード・マークの付いた帽子に高い価格をすすんで支払おうとする。高価な帽子に対する需要は，生産者の名前が付いている場合には帽子の品質が良く形も整っている，という安心感にある程度依存していることは間違いない。この安心感が，消費者が帽子に置く主観的価値判断の一部を形成する。また，時として社会的な競争意識という動機が入り込み，自分よりも裕福でない隣人が買ったものよりも高い値段で売っている帽子を購入するという単純な理由から，消費者は自己の満足感の一部を引き出すことも疑う余地がない。

　ブランドのある帽子の他の製造業者が近頃４ドルと６ドルの価格を設定し，前述のトレード・マーク付きの帽子の流通業者によって作られた価格水準とは異なる価格水準で消費者にアピールしていることに注目するとおもしろい。つまり，４ドルの帽子は，５ドルの帽子の流通業者を受け入れられない消費者グループに販売することができる。なぜなら，彼らの主観的交換比率に基づくと帽子に５ドルを支払う気にはならないからである。その一方で，６ドルの帽子

については，主観的価値判断に基づいて 5 ドル以上をすすんで支払う消費者の一部を，5 ドルの帽子の流通業者から引き寄せることになる。

2 流通業者が用いる価格政策

商品を差別化する場合，進歩的な流通業者の活動は流通の伝統的な方法や政策を打破する傾向があった。このため，今日の商人的生産者がとりうる政策を分析する必要に迫られる。

実質的には同一の製品を製造する他の生産者と競争して商品を製造・販売するために，今日では市場に参入する生産者は 3 つの一般的な価格政策をとることができる。その際に，これらの価格政策の 1 つだけを採用するかもしれないし，組み合わせて用いるかもしれない。

これらの 3 つの政策は(1)市場価格以下での販売，(2)市場価格での販売，(3)市場価格以上での販売，と称されている。

(1)　市場価格以下での販売 (selling at the market minus) とは，価格を下げることによって販売の増加を狙う政策である。他の生産者によって販売される同一の商品に対して設定された価格以下で製品を市場に出す流通業者は，他の流通業者のところから消費者を引き寄せるばかりではない。設定された価格水準が商品に対する主観的価値判断によって決められる水準以上であったために，以前は需要が顕在化しなかった人たちのうちの何人かを消費者としてさらに市場に引き込むことになる。

この政策には類似の性質を持つ在来製品から差別化すること，またはトレード・マークやブランドやトレード・ネームを使用することは通常含まれていない。生産者は間接費の割合を減らし大規模生産によってコストを低減させるために，販売高の上昇をはかって利潤を増大させていく。生産者は主として価格水準の差異によって消費者にアピールするわけである。したがって，長期間にわたり競争市場でこの政策をうまく実施していくためには，実質的には同一製品を生産する他の生産者が市場に出そうとする価格以下で商品を継続して販売できる能力がなければならない。

　この政策については，大多数の百貨店の販売政策に実例が見られる。それは特売品売場における販売活動の基礎であり，ある種の百貨店では主要な政策にさえなっている。そのような店は事業基盤のほとんど全部を市場価格以下で販売することに置いており，そうした値下げを可能にする破産在庫品や工場の棚ざらえ品の買取り広告を出している。

　さらに，ほとんどの百貨店では，マネジャーが日用必需品に付ける価格を，競争相手が販売したいと考えている価格以下に下げることが時々ある。こうして競争相手から引き寄せた顧客や新たに市場に参入させた消費者のおかげで販売が増加すると，間接費の割合が減って百貨店は以前よりも商品を大量に仕入れることができるようになる。この大量仕入れによって，百貨店は生産者に大規模生産の経済性を共有させることができるわけである。事実，百貨店は特定工場の生産品を全部買い取ることが可能な場合が多い。

　そのうえ百貨店では，現行価格以下で日用必需品を買おうと思っ

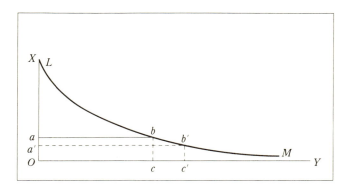

図1 市場価格以下での販売

この図は「市場価格以下での販売」と称される価格政策について，市場の需要面における影響を図式化して示そうとするものである。縦座標 OX には商品の価格が目盛られている。横座標 OY には購買者数が目盛られている。弧を描いている LM は一定価格における購買者数を示しており，価格が上昇するにつれて減少し，価格が下降するにつれて増加する。

さて，Oa が商品の現行市場価格を表し，Oc がその価格における購買者数を表しているとするならば，価格が Oa から Oa' に下がると新しい消費者が市場に参入し，価格 Oa' での購買者数は Oc' になって Oc よりも購買者数が増えることは明白である。

市場価格以下での販売政策が機能するのは，多少なりともこのようにしてである。しかし，この図は他の生産者がもっと高い水準で販売しているという重要な要素を示してはおらず，それゆえ新しい顧客を市場に参入させるのと同じようにして，顧客は他の生産者に引き寄せられていく。

てやってきた顧客が，もっと利ざやの大きい他の商品も一緒に買うという要素がつけ加わる。

特に新しい消費者を市場に参入させるこの政策の仕組みは，図1に図式化して示されている。

(2) 市場価格での販売 (selling at the market) は，生産に重点が置かれていた時代の流通機構を恐らくもっとも特徴づけてきた価

格政策といえる。それは今でも日用必需品のマーケティングでよく用いられる政策となっている。

この政策は要するに，確定条件として商品に付けられた市場価格を受け入れることを意味している。生産者は同じ商品を造っている他の生産者が販売したい価格水準よりもいくぶん低い価格水準を維持して購買者を引きつけようとはしないし，高くて新しい価格水準の商品を差別化商品として確立しようとしているわけでもない。生産者はそのような商品に対する市場価格を客観的なものと認識し，既定の価格水準で自己の商品を販売する。

この価格政策を受け入れる場合，商人的生産者にとって利潤を増やす一般的な方法が2つある。それは，プラントの組織を改善することによって生産費を減少させることに専念するか，あるいは販売高の増加に努めて大規模生産の経済性と間接費の割合の縮小を達成するかのどちらかである。

この政策を取り入れて利益を増加させる第1の方法を用いた実例は，鉄鋼業に見られる。小規模な独立製造業者は確定条件として既存の鉄鋼製品の市場価格を受け入れ，市場における自己の「割当分(share)」を販売し，利益を増やすためにプラント費用の削減に頼ることが多い。

もし第2の方法をとるならば，商人的生産者は通常競争相手の製品から自己の製品を差別化し，特定製品に対する需要を確立しなければならない。こうするために，商人的生産者は高い価格水準で差別化商品として自己の製品を確立するために用いるであろう方法とまったく同じ方法を用いなければならない。例えば，仕上げの素晴

らしさ,品質の均一性,または便利な包装と組み合わせると,トレード・マークやブランドやトレード・ネームは,実質的には同一製品と同じ価格水準でその商品に対する需要を増大させる場合の基礎となる。また,市場価格で販売する際に配達の迅速性が優れていることは,販売増加のためには非常に重要な要素となるであろう。

織物工業における近年の発展は,製品を差別化することによって

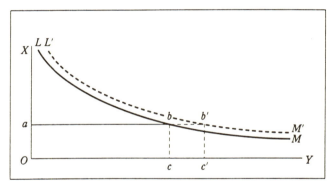

図2　市場価格での販売

これは市場における価格を上昇させずに商品に対する需要増への刺激の効果を図式化して示そうとするものである。

縦座標 OX は上昇する価格の目盛りである。横座標 OY は購買者数を示している。弧を描いている LM は一定価格における購買者数を示しており,価格が上昇するにつれて減少し,価格が下降するにつれて増加する。

もし既定の市場価格が Oa で表されるならば,その価格での購買者数は Oc で表されるであろう。そこで,製品への需要の増大を刺激することによって,商人的生産者は各価格水準における購買者数を比例的に増加させることができるとすれば,需要曲線 LM は $L'M'$ に置き替えられ,価格 Oa ではより多くの購買者 Oc' が購入するであろう。

もちろん,この図はすでに市場に参入している顧客が,他の商人的生産者の製品と同じ価格水準で需要が刺激される差別化商品の購入へ向けて,どのように引き寄せられるかを示してはいない。

市場価格での販売を増加させようとする試みと結びついて，市場価格での販売政策を取り入れた好例となっている。商品をブランド化し始めている織物製造業者は，差別化商品として自己の製品に新たな価格水準を設定しようとするよりは，明らかに現行の価格水準における他の製造業者の製品との比較に基づいて自己の製品に対する需要を確立し販売を増大させようとしている。

　図2は，この政策の一側面を図解している。ここでは，同じ性質の在来商品に対して抱いたよりも高い消費者側の主観的評価を差別化された商品に与えることによって，現在の価格水準で新たに消費者を市場に取り込むことができるという考え方を引き出すよう意図されている。したがって，各個人の主観的交換比率が低すぎて現行価格では在来商品を買う気にならなかったけれども，差別化された商品への主観的評価が高いために消費者は現行価格でその商品を買うことになる。

　(3)　市場価格以上での販売 (selling at the market plus) は，恐らく現代の流通においてもっとも特徴的な価格政策であろう。並はずれて有能な流通業者は最近ますますこの政策を用いるようになり，自ら生産する商品と類似した商品の市場価格を確定条件と考えようとはしない。こうして自己の製品を分離し，異なる価格水準のもとで実際には新製品として定着させるわけである。

　この政策全体の基礎をなしているのは，大なり小なり改良を施すことによって実質的には同じ性質を持つ他の商品から製品を差別化することと，トレード・マークやブランドやトレード・ネームを付けることによって製品を識別できるようにすることとの2つである。

こうすることによって，生産者は，品質の安定性，仕上げの素晴らしさ，包装における改良，または同様の修正点に注意を向けさせ，自己の製品に対する需要を刺激することができる。生産者は在来商品への主観的評価額が市場価格を超えて「消費者余剰」を発生させるような消費大衆層に訴求していく。差別化された商品にはさらに高くて新しい価格水準が設定され，どの点から見ても新商品となる

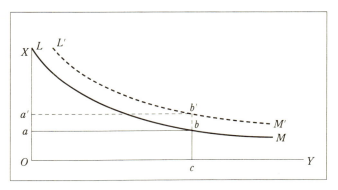

図3　市場価格以上での販売

　この図は「市場価格以上での販売」と呼ばれる価格政策の効果を説明している。縦座標 OX は日用必需品の価格が目盛られている。横座標 OY は購買者数を示している。

　需要曲線 LM は一定価格における購買者数を示しており，価格が上昇するにつれて減少し，価格が下降するにつれて増加する。次に，Oa が日用必需品の市場価格を表しているならば，Oc は購買者数を表している。さて，商人的生産者が日用必需品から自己の製品を差別化して需要を刺激する場合には，その効能によって各価格水準における見込購買者数を増加させることが可能となる。このようにして，需要曲線 LM は需要曲線 $L'M'$ と入れ替わる。

　言うまでもなく，商人的生産者は購買者数 Oc を減少させずに価格 Oa よりも高い価格 Oa' で差別化された製品を売却するであろう。言い換えれば，販売を増大させるのではなく，価格の上昇に伴う需要増によって利益をあげるのである。

のである。

　流通業者の能力をもっとも厳密に示す試金石となるのが，まさに
この政策である。成功するためには，流通業者は人間の性質とか
個々の消費者の心理構造に関する知識を含んだ非凡な能力を持たな
ければならず，さらに社会的競争意識のような動機や消費者の主観
的交換比率を形成するさまざまな要因のすべてに対して適切な考慮
を払うことができなければならない。

　この政策は帽子の取引の実例によってすでに説明されている。今
日，われわれの周りには実例が無数にあるので，ここではこれ以上
説明する必要はなかろう。

　図3は「市場価格以上での販売」と称される価格政策がどのよう
に作用するのかを図式化して示したものである。

3　商品の差別化

　さまざまな価格帯で商品の差別化が拡大するにつれて，市場価格
以上での販売政策の採用がますます増えることから生じるプロセス
は，明らかに新しい商品の創造に酷似している。帽子の取引が多く
の相違するブランド，実際には異なる価格水準における別個の商品
に分けられる場合には，社会的観点から見ると既存商品の単なる修
正ではなく，新商品を創造することから生じる状況とほとんど変わ
らない。

　もし安全カミソリが旧式のカミソリの修正品としてではなく新商
品そのものと考えられるならば，それは新商品の創造に対する社会

的正当性を調査する好機を提供してくれる。

　最初に広範囲にわたって広告された安全カミソリが５ドルで市場に出回った時には，かなりの利ざやが生産者に残った。その当時，安全カミソリの実際の製造コストは１ドルに満たないとよくいわれていたが，この大きな利ざやによって大規模な広告キャンペーンができるようになった。その結果，新しい商品が消費大衆全体から注目を浴び，大都市でも田舎でも，だれもが安全カミソリとその使い方を知るようになった。実際，非常に多くの人たちが安全カミソリを買った理由は，商品を目にした際に抱く主観的評価額が請求された価格を上回っていたからである。したがって，流通業者が得た大きな報酬は，人間のニーズに合わせてさらに改良を加えたことに対する報酬とみなすのが適切であろう。

　今日，安全カミソリの需要はしっかりと定着し，各個人の交換比率に基づくと安全カミソリに５ドルを支払う気になれない消費者は，25セントという低価格で意識的なニーズを満たすことさえできる。これは，多くの生産者がさまざまな価格水準で安全カミソリの市場に参入してきたからである。

　現在では，他の生産者によってすでに市場に売り出されている商品の生産者は，自己の商品を同種の他の商品から差別化し，時には細部に修正や改良を施すことによって同種の在来商品よりも高い価格水準で需要を確立することができる。その際に，生産者のほうも人間の欲求を充足させるために一層的確な調整ができるようになり，さらにこの調整を的確にできる可能性があることを消費者に認識させてきた。例えばトレード・マーク付きの帽子を５ドルで購入した

第2章 流通業者の諸問題 55

人が，もしその5ドルの帽子で3ドルの日用品の帽子と同等かそれ以上に相当する満足感が得られないならば，異なる客観的な交換比率を考慮したうえで3ドルの日用品の帽子を買おうとするであろう。言うまでもなく，トレード・マーク付きの帽子を買う消費者はブランドのない在来の帽子に3ドル支払うより，そのような帽子に5ドル支払いたいと思うからこそ，そうするのである。したがって，修正が十分に施されていないという理由で消費者は差別化された製品に対して2ドル余分に支払うべきではないと主張することは，交換の基礎として外部の社会的基準を消費者の主観的評価に代替させようとすることになる。こうして商品の等級が高度に差別化されればされるほど，ますます的確に個々の消費者は自己の多様な物質的欲求を満足させることができるようになる。

　新しい価格水準で差別化された製品を別個の商品として確立することに成功した流通業者は，しばらくの間は差別化された商品について独占的な地位にある。彼が行う競争は，同じ性質を備えた日用必需品との間接的な競争になる。彼は独占的な地位によって，類似の性質を備えた日用必需品に比べ，差別化された製品に実際に加えた改良に対し不相応な利ざやを一時的にではあるが獲得できる場合が多い。これはまた，消費者の欲求に合わせて一層的確に商品の調整ができるようになったことへの企業に対する報酬として正当化されるであろう。そして結局は，他の生産者が彼にならって自己の製品を日用必需品から差別化するにつれて，利益の多くの部分が減少していく。そうなると新しい価格水準での競争が発生し，競争的に差別化された商品に対して究極的にはさらに高い価格をもたらす大

幅な改良が行われなければならなくなる。

　同じ性質を持つ日用必需品から製品を差別化することが，高い価格水準の設定を目的とするのではなく，むしろ現行価格水準における販売増を目的としている場合には，間違いなく社会的利益が生まれる。トレード・マーク付きの商品の製造業者は品質を重要視するので，この品質を均一に保つように生産を組織化することがどうしても必要になる。他方，ブランドのない商品の製造業者は，生産者名の付いた商品が消費者の手元に届く際に抱くような消費者に対する責任感を持たないであろう。ブランドのない商品の製造業者は通常中間業者に販売するために製造するのであって，消費者を満足させることを本来の目的としてはいない。消費者を満足させることによって利益を得ているわけではないからである。

第III章

流通の方法

　企業経営者が直面する一般的な市場問題はだいたい分析された。また，現代におけるさまざまな価格政策の概要も述べた。さらに価格政策に関連して，ますます増える商品の差別化を社会的に正当化する点にも触れた。そこで，ここからは販売活動で用いられる方法を検討していく。

　産業史の初期の段階で，販売は現品で行われた。したがって，流通のあらゆる段階で購買者は販売が行われる前に実際に商品を見たのである。

　その後，見本品による販売が登場した。購買者は提示された見本品と同一であると表明された商品を買ったのである。この販売方法の導入は市場の拡大によって必要性が生じ，商業倫理の発展と製品標準化の増大によって可能になった。つまり，購買者は見本と同一の商品を供給するという生産者の良心だけでなく，同一商品を生産できる能力についても信頼を置かなければならないわけである。そ

れゆえ，機械的な製造方法によって製品をますます均一化すること
が，見本品販売を増やす要因となった。

説明書販売は流通におけるもっとも近代的な発展の所産であり，
見本品販売よりもさらに高度な倫理基準が要求される。加えて，説
明書販売には，現品販売や見本品販売よりもさらに高いレベルの広
範な知識が必要となる。したがって，近代的な発展における説明書
販売は，ある意味では印刷機の副産物ともいえる。

これら3つの販売方法は，すべて現代の商業生活のなかで用いら
れている。消費者は依然として現品販売制度のもとで，使用する商
品の大部分を購入している。つまり，消費者は買う前に商品を見る
わけである。また，中間業者が大量に仕入れる場合には，見本品を
見て購入するのが一般的である。しかし，説明書販売が流通システ
ムのあらゆる段階において，年ごとに重要性が高まってきている。
販売が完結する前に購買者が実際に見本品や商品自体を見る場合で
さえも，説明書を用いた販売方法は商品に対する需要を創造するた
めに，多くの場合事前に用いられてきた。また，説明書販売は消費
財だけでなく，機械などの商品の販売にも見られる。その発展が非
常に急速だったので，発明家のエジソン氏（Mr. Edison）は未来の
商店は自動販売機方式によって全商品が説明書販売されると考える
と述べたが，そういう仕組みに関する考え方さえも生まれるという
ことが実は重要な意味を持っている。

説明書販売の根底にある考え方は，口頭，筆記または印刷物に
よって見込購買者に対し商品に関するアイデアを伝達することにあ
る。これは商品自体や商品見本を見ることに代替する方法である。

したがって，購買者に口頭，筆記または印刷物のどれかによってアイデアを容易に把握できる程度の情報量がなければならないことはいうまでもない。

写真やスケッチが今日では説明書販売の重要な特徴となっていることから，「言葉（words）」よりもむしろ「シンボル（symbols）」という用語の使用が必要になってくる。例えば商品の写真は，言葉を用いて説得する紙面の効果を高めるために役立つ場合が多い。

説明書販売において見込購買者に伝達されるアイデアは，その商品に対する有効需要を喚起させるようなアイデアである。需要を喚起することは，販売活動の本質的な要素である。しかし，流通業者には買手が商品を物理的に入手できるようにして，需要を満足させるという任務もあることを忘れてはならない。現品販売だと，この問題は販売活動と一体化してしまう。販売が行われる際に，商品が物理的に存在しているからである。ところが，説明書販売では商品の物的な流通は需要の喚起とは別個の問題であり，この点が同じように注意を要する問題となる。というのは，需要を満たす商品が手に入らなければ，需要を喚起しても無駄だからである。

1　利用できる販売機関

需要創造が流通における最初の段階になるので，この目的のために商人的生産者が利用できる機関を考察することが必要になる。考慮しなければならない一般的な機関は３つある。それは(1)中間業者，(2)生産者自身の販売員，それと(3)直接的および一般的な広告である。

企業経営者は，どの機関またはどの機関の組合せが特定商品の需要創造と物的供給にとってもっとも効率的かという問題に直面する。

　その際，採用される販売方法が，利用する機関の選択に大きな影響を与えるであろう。もし現品販売が行われて購買者が購入する前に実際に商品を見ることができれば，一連の中間業者による流通が通常もっとも適している。ところが，生産者自身の販売員による現品販売が可能な場合もある。例えば小型の家庭用器具は，この方法で戸別訪問販売員によって販売されることが多い。

　見本品販売がその商品に適用される一般的な方法であれば，中間業者や販売員が望ましい機関となることが多いであろう。多くの商品は中間業者によって流通するが，小売業者から消費者に現品で販売される最終段階を除いて，流通過程における各段階での販売は見本品によって行われる。直接販売員は恐らくほとんどの場合，見本品を用いて販売を行うであろう。さらに，直接広告だけによる販売活動でさえ，見本品販売の方法を利用する場合がある。そういうわけで，かさばらない商品の通信販売を行う流通業者は，直接広告に使う資料の中に商品の見本を同封するであろう。

　説明書販売だけが用いられる場合には，直接的または一般的な広告が多分もっとも効率的な機関になるであろう。それなのに，ここでもまた全般的に見ると経済的ではないが，一連の中間業者を通して商品を流通させても，各段階における販売は説明書によって行うことが可能である。しかも，重機械が写真を使って販売されたり，金物のような商品がカタログによって販売される場合のように，説明書販売では販売員を用いることが一般化している。

第3章　流通の方法　*61*

　方法や機関の組合せがいくつかできる点が，商人的生産者の問題を複雑にしている。商人的生産者は自己の商品に関する市場を分析することに加え，もっとも効率的な流通システムを確立するような方法と機関の組合せを策定することが難しい仕事であることを理解するだろう。

　しかしながら，組織化された流通の発展過程の一部として，中間業者の立場を簡潔に考察することに目を向けなければならない。中間業者の機能の歴史的な由来は未だに充分解明されていないが，このテーマに値するほど満足のいく研究が行われていないので，ひとまず試案が提示されることになるだろう。

2　流通における中間業者

　中間業者は複雑な産業組織の副産物である。図4は生産者が消費者と直接取引していた初期の時代から，複雑な一連の中間業者が存在した伝統的流通機構の出現まで（18世紀後半と19世紀の第1四半期）の中間業者の発展過程の概略を示したものである。ただし，この図は輸入品ではなく，国産品の典型的なケースを表している点に注意すべきである。

　原始的な交換経済では，生産者は消費者と直接取引し，中間業者は取引に介在しない。中世においては，手工業は町にある市場制度のもとで専門的職業になるので，生産者は小売商でもあり，消費者に直接販売する。その後，市場が拡大するにつれて分業が必要になり，商人が市場の構成者として現れてくる。手工業者は安定した労

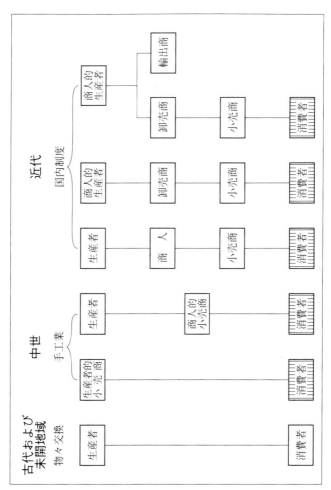

図 4 中間業者の発展過程

働者となり，もはや販売には関与しなくなる。手工業者は多くの場合，事実上在庫を備えて危険を負担する商人的小売商の従業員になるからである。他方，商人は生産者から完成品を受け取って，それらを消費者に販売する。

市場が着実に拡大してついに全国的な規模になると，商人はもはや生産者と消費者との間に介在する唯一の媒介機関ではなくなる。生産者から商品を受け取って小売商に売却し，今度は小売商がその商品を消費者へ流通させることになる。長い時間が経過すると生産者は自己の財務的な地位を強化して商人には支配されなくなり，商人的生産者になっていく。彼らは生産の職責を担い，さまざまな卸売商に製品を売却し，次は卸売商が小売商へ，それからさらに小売商が消費者へと販売していく。世界市場が出現するようになると，生産者は自己の製品の一部を輸出商へも売却するようになる。

図5に示されている工場制度の初期の時代には，生産者は商人としての性格を失ってしまい，生産の問題に専念する。生産への圧力が続いて産業がますます複雑化したために，生産者は生産に注意を集中しなければならなくなったからである。そこで，生産者が製品を販売するという仕事をしなくてもよいように，販売代理店がいわゆる流通連鎖における連結部として登場することになる。この販売代理店は生産者の製品全部を販売する責任を負い，まず卸売商に製品を流通させ，その次に卸売商が小売商へ，さらに小売商が消費大衆へと製品を流通させていく。

これは伝統的流通機構と呼ばれて19世紀初頭の数十年間はかなり一般的な形態であり，またニュー・イングランド (New England)

の織物工場では現在もよく見られる。

　物々交換制度から工場制度の初期の数十年間にいたるまでの長い期間にわたる発展過程は，生産者と消費者との間に介在する中間業者の数がつねに増加傾向にあったことを示している。ちょうどそれと同じように，最近では連続する流通過程における段階の数が減少する傾向を強く示している。この傾向はほとんどすべての産業ではっきりと見られ，最近では明確に特徴づけられるようになった。

　生産者と消費者との間に数多くの中間業者が介在する伝統的流通機構のもとでは，生産者の立場は有利ではない。生産者は操業に要する固定費があるために，継続して操業しなければならないであろう。しかし，商品の販路は中間業者によって支配されている。それゆえ，中間業者は生産者に圧力をかけて，生産者の利ざやを小さくすることができる。力のある生産者（現在の商人的生産者）が中間業者を迂回する方法を探し出して消費者と直接的な接触をはかろうとするのは，この圧力があるためであり，さらにこの圧力から自己を解放するためでもある。

　図5は，中間業者の数を減らそうとするこの明らかな傾向の進展状況を図によって示そうとするものである。卸売商のところへ直接出向く販売員を用い，しかも小売商へ向けて広告活動を行うことによって，生産者は多くの場合に販売代理店を排除してきた。広告は小売商だけでなく卸売商へ向けられる場合もある。さらに立場を強くするために，生産者は消費者向けの広告を用いて自己の製品に対する需要を確立することが多いであろう。これにはトレード・マークやブランドやトレード・ネームによって差別化された製品を開発

第3章 流通の方法　65

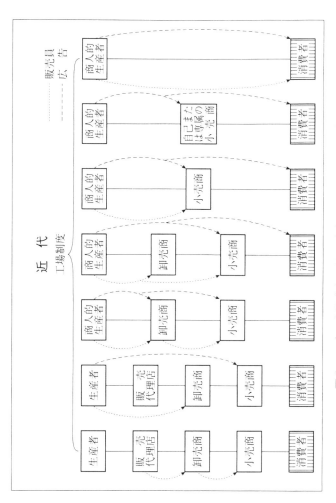

図5　一連の中間業者の数を減少させる明らかな傾向

することも含まれている。こうして生産者が消費者の需要を直接確立する場合には，小売商のところへ自己の販売員をも派遣するという手段をとることが多く，これによって自己の流通システムから卸売商を完全に排除していく。

そのプロセスにおけるもっとも極端な手段は，中間業者を完全に排除し，広告だけかあるいは広告によって支援される販売員のどちらかによって商人的生産者から消費者へ向けて販売が行われる場合である。専門品の製造業者は主としてこの流通機構を利用しており，最近における通信販売事業の目ざましい発展によって，いくつかの流通経路に関して明らかにこのシステムには経済性のあることが実証されている。

中間業者の数を減らす傾向は，現代の流通におけるもっとも顕著な特徴の1つといえる。もし現在の経済状態が実質的に続くと仮定すれば，この傾向は将来必ず一層大きく進展していくであろう。小売商の組合が直接販売の増大を阻止しようとする企ては，これまでのところうまくいっていない。製造業者に正規の取引経路を通して製品を売却させたいという要望のもとに，小売商は直接販売を抑制するために，ときおり一致協力した行動をとってきた。しかし，取引を制限する連合を禁じた国家や州の法律があって，この種の協定は効力を持たない。その一方で，若干の商品については直接販売にメリットがあるので，生産者はこういった取引については不興を買うことをいとわない。

しかしながら，状況の変化によって中間業者の重要性が高まるかもしれないという点に注目すべきである。例えば，合衆国の保護関

税制度が完全に撤廃されて自由取引が実施されると仮定してみよう。そうすると，中間業者はブランドのない日用必需品の供給を外国の生産者に頼ることができるし，それが流通システムにおける連結部としての中間業者の重要性を高めるのに役立つかもしれない。このことは，恐らく若干の商品に関して一連の中間業者の数を増加させる傾向を示すであろう。その一方で，今度は中間業者の圧力を受けた場合に，外国の生産者も中間業者を迂回して消費者と直接取引しようとする傾向を示す可能性が十分にある。

3　中間業者の機能

　流通における中間業者の利用に関連づけて商人的生産者の問題を考察する場合と同じように，中間業者を迂回するという現在の傾向のように見えるものが何であるかを理解するためには，中間業者によって行われる機能を分析する必要がある。おおよそ一般的な機能としては次の項目が列挙されよう。

1. 危険の分担
2. 商品の輸送
3. 営業活動への金融
4. 販売（商品に関するアイデアの伝達）
5. 集荷，仕分け，および再発送

　これらの機能は最初は地域別に引き継がれていた。つまり，一連の中間業者のおのおのが，それぞれの機能の一部を引き受けたのである。各中間業者は所有権がある間は商品の破損の危険を負担し，

さらに貸倒れによる損失の危険も負担した。また，生産者の製品置場から消費者の手元まで販売区域ごとに製品の輸送を分担し，営業活動全般にわたる金融に加わった。さらに，購入した商品を次の中間業者や最終的には消費者に販売し譲渡する役目を負い，最後は商品が物理的に消費者の手に入るように集荷や仕分けや再発送の仕事の一部を担った。

しかし，比較的早い時期に，地域ごとではなく機能ごとにこれらの諸機能が引き継がれるようになり，今日では保険会社や直行運送会社や銀行のなかに機能的中間業者と呼ばれる機能が見られる。

保険会社は本当の意味で流通における中間業者にあたる。保険会社が火災による商品の損失や貸倒れ損などに備え生産者に対して保険を引き受ける場合には，一連の中間業者によって以前共有されていた危険負担の機能を引き継いでいることになる。今日，保険会社は実際にあらゆる危険の要素を引き受けている。例えば，大きな百貨店は季節はずれの祝祭日の天気に対しても保険をかけることができる。保険会社は多くの機能のいくつかの部分ではなく，そのなかの一機能だけを引き継いでいるという点で，普通の中間業者とは異なっている。

直接輸送が進歩したことによって，生産者は消費者へ商品を運搬する仕事を機能的中間業者に任せることができた。運送会社や急行便を扱う通運会社は，地域ごとに機能を引き受けていた一連の中間業者によって以前共有された諸機能のたった1つだけを担っているけれども，本当の意味で流通における中間業者といえる。消費者のところへ物理的に商品を運搬することは，以前に一連の中間業者に

第3章　流通の方法　*69*

よって行われていたもっとも重要な機能の1つであった。それゆえ，直接輸送の機関に改良が加えられるたびに，既存の流通システムに修正が加えられる傾向があった。小包郵便制度設立の計画に重要性を与えたのは，まさにこの事実である。

（注）　この論文が最初に発表されて以来，小包郵便業務は合衆国全土にわたって成功をおさめた。今のところ，それが現在の流通システムに及ぼす影響を予想するのは時機尚早である。しかし，小包郵便は消費者——とりわけ人口のまばらな地域の農民や住民——と直接的かつ継続的に接触を保つために，生産者およびあらゆる階層の中間業者（カタログを用いる商店だけでなく地方の小売商人も含む）によって用いられつつある。

　営業活動への金融機能は，大部分がいつも決まった中間業者によって行われてきた。従来は中間業者は他の機能に加えて金融の負担も担っていた。今日，ニュー・イングランドの織物工業では，販売代理店は商品を販売する単なる機関であるだけでなく銀行でもある，というのが実態である。しかし，これは，販売代理店が生産者の商業手形に裏書したり，その地域の貯蓄銀行に受け入れられる複名手形を振り出したり，それゆえに低金利を確保するだけでなく資本の重要な蓄積を生み出すことができるようになることによって達成されている。

　今日ではほとんどの産業で，銀行が機能的中間業者として流通業務における金融の役割を担っている。つまり，商品や商業手形に対して前貸しすることによって，銀行は流通における金融の機能を大部分果たしている。したがって，商業手形に基づく資産通貨を規定

する法律は，商業分野における銀行の活動範囲を拡大するかもしれない。

> **（注）** 本章が執筆されてから，連邦準備銀行制度（the Federal Reserve Bank System）の設立が商業手形を用いた弾力性ある通貨を生み出し，相応の信用力や金融力の増大をもたらした。

もう１つの発展は，生産者の金融依存を小さくしたことである。産業組織に会社形態を適用することによって大量の経営資本が集められるようになり，それによって生産者は一層強い金融上の地位を築くことができた。

危険を負担し，商品を輸送し，業務に資金提供を行う機能的中間業者が発展した結果，これらの機能に対する中間業者の重要性は減少した。しかし，販売（商品に関するアイデアの伝達）および集荷・仕分け・再発送の機能は残されている。したがって，この分野では今日でも中間業者が非常に重要である。

すでに考察した伝統的流通機構のもとでは，生産者はいかなる意味においても商人ではない。販売代理店自身がすべての生産品について最初の流通を手がけ，商品を卸売商に販売している。その販売の基礎となっているのが，卸売商と小売商に利益を得て商品を売却することができるという点である。その次に卸売商が小売商に商品を販売する。ここでも購入する動機となっているのは，第１に品質やサービスではなく，実際には消費者に対し利益を得て再販する機会がある点である。小売商が消費者に販売するようになって初めて，販売への動機として品質やサービスに重点が置かれるようになる。したがって，商品への需要を創造するために見込購買者に伝えられ

第3章　流通の方法　*71*

るアイデアは，複雑な流通過程におけるさまざまな段階において異なる。なぜならば，再販のために購入する者と消費のために購入する者との観点が相違しているからである。つまり，価格と売れ行きが中間業者にとって何よりも重要な要素であり，品質とサービスが価格と同じくらい消費者にとっては重要だからである。

　ブランドのない商品に関する伝統的流通システムの傾向は，生産者のエネルギーが主として生産コストを下げ，それによって中間業者に提供できる価格を下げるほうへと向かっている。消費者側における満足または不満足の影響は，一連の中間業者を通じて間接的に生産者に及ぶにすぎない。そのうえ，商品がトレード・マークやトレード・ネームによって差別化されていない場合には，商品の同一性が連続した流通段階の途中で完全に失われてしまうことが多い。小売商でさえもが，多くの場合に消費者の最終的な満足よりも売れ行きのほうに関心を抱いている。したがって，品質に関する著しい欠陥だけが，生産者の注意を引くことになるだろう。このようにして，生産者は自己の商品について品質やサービスの改善を促進してくれる消費者との接点を失っていく。しかし，生産者の注意は製造する商品のそうした要素に向けられない。そういうわけで，ブランドのない商品に関する伝統的流通機構のもとでは，生産者の基準が消費者の満足よりもむしろ売れ行きになっていく傾向を示す。

　ここで，生産者が同じ性質を備えた他の商品よりも，最終消費者の立場から望ましい商品が持つ品質やサービスの要素に意識的に注意を払うと想定してみよう。これらの優れた点は消費者に理解される前に，複数の中間業者を通して伝えられていくにちがいない。と

ところが，中間業者の大部分は品質やサービスにあまり関心を持っておらず，また通常１つの商品だけを注目するということはない。したがって，小売商が商品への欲望を創造するために消費者へ伝達しなければならないアイデアは，卸売商が小売商に購入させようとするために伝えるアイデアとはちがっている。

それゆえ，品質やサービスの点で商品に特別有利な点を付け加えた生産者は，他の製造業者の商品よりも優先して自己の商品への需要を喚起させるような有利な点に関する的確なアイデアを，一連の中間業者を通して消費者まで伝えることが難しい。

こうした理由によって生産者による消費者への商品に関するアイデアの直接的な伝達が増加し，それが現在の流通機構に大きな社会的意義のある変革をもたらしている。生産者は消費者の欲求を調査し，自己の製品をそれに適合させなければならない。生産者は，消費者が満足するかどうかは商品の品質と商品がもたらすサービスにかかっていることをよく知っている。したがって，これらは生産者にとってコストと同じくらい重要な考慮事項となる。そのうえさらに，商品を消費者の欲求にもっとよく適合させようとして品質やサービスの改善を製品に施す際に，生産者は消費者にこうした改善に関する知識を正確かつ適切に伝えて，製品への需要が増加した場合には自己の努力に対し報酬を得ることができる。つまり，直接販売は必然的に消費者のニーズに合わせて生産をより良く調整していくことを意味している。商品は販売するためというよりも満足させるために造られているのである。

どう見ても直接販売は商品の差別化によって決まる。消費者が商

第 3 章　流通の方法　*73*

品を識別できる時だけ，生産者は効果的に商品に関するアイデアを消費者へ直接伝達できるからである。そこで，物的な流通が小売店を通じて行われる場合に，商品がトレード・マークやブランドやトレード・ネームによって同じ性質を備えた他の商品と識別されなければならない。そうでなければ，生産者の直接販売への努力が無駄になってしまう。

　以上に概説したように，生産者から消費者へ向けて商品に関するアイデアを直接伝達するメリットは，中間業者の圧力から逃れたいという生産者の欲求と呼応する。その結果，過去半世紀，特にここ10年間は，商品に関するアイデアを消費者に直接伝達するための機関が生産者によって急速に利用され始めた。これは，以前に中間業者の間で形式的に分割されていたもう 1 つの機能が，全体的機能として引き継がれつつあることを示唆している。それゆえ，新聞，定期刊行物，およびその他の広告機関は，保険会社や輸送会社や銀行と同じように機能的中間業者と呼ばれよう。そして，これらの機能的中間業者の重要性が増すにつれて，古いタイプの中間業者の地位は再び低下していくことになる。

　それでもなお，集荷，仕分け，および再発送の機能を論じなければならない。これらの機能によって商品が物理的に消費者の手元に届き，喚起された需要が満たされるからである。ここでは中間業者は自己の重要性の大部分を保持している。確かに生産者から消費者への直接発送は着実に増加しているが，これは生産者によって消費者への商品に関するアイデアが直接伝達される結果として当然考えられることである。とはいうものの，今日，もっと重要な商品に関

し，消費者は需要が刺激された商品の供給を依然として小売店に頼り，さらに小売店は通常その供給を卸売商に頼っている。

流通業者の問題は二重になっており，(1)最大の需要を喚起することと，(2)最小の漏えいでその需要に対する供給を行うことからなる。この問題の後者の局面には，時間や便宜やサービスの要素が含まれている。もし消費者の間で喚起された需要が十分に利用されているなら，消費者は需要が生じるとすぐに商品を手に入れることができなければならない。

消費者は商品を手に入れるのに便利が良くなければならない。多くの場合，使用説明や実演や修理のような付随するサービスも与えられなければならない。ここにこそ，小売中間業者が多くの商品について今もなお重要性を備えている根拠がある。生産者が商品に関するアイデアを消費者に直接伝達したために意識的な需要が特定の食料品について喚起された場合，消費者が近くて便利な食料雑貨店でその製品を見つけることができなければ，喚起された需要は実効性のないものになろう。それゆえ，生産者は商品に関するアイデアを消費者へ直接伝達することによって販売機能を引き継いだ後，通常の取引経路を通じて製品を引き続き流通させることが多いだろう。通信販売による流通や生産者による直接発送は，特定の商品に対し，特定の区域や階層に到達する場合にだけ適用可能であることが，これまでに証明されている。したがって，多くの商品にとって，多くの地域で中間業者は従来と同じように社会的に必要な存在となるのである。

需要を喚起するために生産者が消費者に対して商品に関するアイ

第3章　流通の方法　*75*

デアを直接伝達し始めると，中間業者は従来行ってきた機能の一部だけを行使していることが明らかになる。厳密に経済的な見地に立つと，中間業者の利ざやは自己の機能の減少に比例して縮小するはずである。

　そこで，販売ごとの利ざやの減少を補塡するために，中間業者は商人的生産者の販売努力を利用して取引を頻繁に行うようにしている。しかし，中間業者がこの補塡的特徴をなかなか理解しないことが多い。生産者が販売機能を引き継いだために，中間業者は自己の割引額を減少させるどのような企てにも抵抗を示すのが通例だからである。もし販売ごとの報酬が減少すれば，中間業者はその商品の取扱いを拒否するであろう。しかし，多くの卸売商や小売商は在庫の回転率を速めることが可能である点を察知して，状況の変化に順応しつつあるといってよいだろう。

　ところで，もし生産者が販売機能を引き継ぎ，しかも中間業者に与えられる割引額を減らさないとすれば，中間業者はもはや行使していない機能に対して支払いを受けることになる。しかし，究極的に，これは消費者のポケットから支払われなければならない。こうして，消費者は1つの機能の行使に対して2回支払うことを余儀なくされる。

　機能が引き継がれる際に報酬が減少することに対する中間業者の反発は，生産者に難しい問題を提起する。生産者は消費者にアイデアを直接伝達する販売機能の引継ぎを遅らせることがしばしばある。なぜなら，もし生産者が商品の物的な流通に中間業者を使用し続けたいのなら，その機能に対する報酬を与え続けなければならないこ

とがわかっているからである。ときおり生産者は支店を設置して，自己の流通システムから中間業者を排除するようになる。しかしながら，これは一般に大きな人口の密集地域だけに可能であり，しかも特定の種類の商品に適用できるにすぎない。支店を通す流通システムは，トレード・マークが付いた靴の特定の大規模生産者によって利用される場合に具体的に示される。

ただし，もはや行使されていない卸売商の販売機能に報酬を支払い続けるよりも，卸売商の集荷，仕分け，および再発送の機能を引き継ぐほうが，トレード・マーク付きの多くの商品には適している。例えば，消費者や小売塗料業者に対し商品に関するアイデアの多くを直接伝達することによって自社ブランドの塗料やニスへの需要を刺激する大規模塗料製造業者は，流通機構から卸売商を排除することが望ましいとわかった。その塗料製造業者は，支店には一定の顕著なメリットがあることを知っている。すなわち，(1)自己の製品だけの取扱いに専念する訓練された従業員の時間を全部使うことができる。(2)小売商と直接接触して，小売商が全体的には製造業者から直接購入したいと考えていることに気づく。(3)卸売商が積極的に抱える在庫よりも，さらに大規模で適切に仕分けられた在庫を持つことができる。(4)経験上，卸売商が排除されると貸倒れ損が少なくなる。(5)一般的な政策や価格への一層適切なコントロールを維持できる。ところで，支店制度に大資本が必要である点は，充当できる資本金の急増とその流動性の一層の向上により阻害要因としての重大性が低下している。また，経営管理能力への必要性の高まりは，経営管理責任者を訓練するシステムの改善によって解決がはかられて

いる。

　流通における中間業者の立場と機能に関する以上のかなり長い分析は，これでも完全ではない。経済的な性質を持たない要因が入り込むからである。企業経営者は純粋に経済的な根拠に基づいた問題にめったに直面しない。考慮されなければならない人間的要素がつねにあり，それは現実の商業生活の中に存在している取引の性格から生じるものである。実際，狭量な経済的根拠だけに基づいて商品を業者から買う人などはいない。社会的および個人的な動機が関与しているからである。したがって，企業経営者が自己の流通機構における中間業者の立場を考慮する場合には，問題が複雑になる。その解決策は，能率が良く進歩的な中間業者の階層が生まれた点に求められる。そうした中間業者は在庫品の回転率を速めることによって生産者の販売努力を利用し，販売ごとの利益率は低下しても取り扱う商品の数量を増やして利益を増加させながら，必要な商品の物的な流通を提供するであろう。

4　需要創造における生産者の販売員

　中間業者の場合に必要であったほどの詳細な分析は，販売員には必要ないであろう。販売員が行う主要な機能は，見込購買者に対して商品に関するアイデアを伝達することにある。それが販売機能というものにあたる。

　販売員は見込購買者のところへ派遣されるという点で，一般に見本品を用いて販売を行う。販売が現品によって行われることは少な

いだろうが，その場合には見込客が購入する現物の商品を見せることになる。また，すでに指摘されたように，販売員は説明書だけを用いて販売するかもしれないが，その場合にはカタログ販売と同じように見込購買者に商品の写真を見せるであろう。

　生産者は中間業者を飛び越して直接次の中間業者か消費者に販売することが望ましいとわかると，販売機能を行わせるために自己の販売員か広告，あるいはそれら二者を組み合わせて用いるであろう。

　直接または一般の広告と対照させて，販売員を説明書販売の機関として考察する場合には，ふたたび人間的要素を考慮に入れなければならない。広告には伝達したい形態で伝達したいアイデアを正確に伝達することができるという明確な利点がある。しかし，広告は販売員が訪問する際の個性とか適時性に欠ける。つまり，広告には顧客の気分とか販売員の有効性を高めるさまざまな人間的要素をすべて利用する機会，すなわち順応性が欠けている。

　このほかに販売員がその商品への需要を見込購買客に喚起させた場合には，その場ですぐに販売を完了させることができる利点がある。広告の場合には一般的に，喚起された需要が現物の商品を手に入れる前に見込購買客にある程度の手間をかけさせるほど強くなければならない。したがって，それほど強くない需要では，広告が関係している場合よりも販売員のケースのほうが即効性がある。

　ここでは直接販売員と広告との類似性が非常に強い点が強調されるべきである。それぞれの機関は主として生産者が中間業者の一機能である販売機能を引き継ぐことができるように用いられるが，おのおのの場合における根本的な考え方は同じである。生産者はどち

らかの機関またはそれら2つの組合せによって見込購買客に対し，意識的な需要を創造するような商品に関するアイデアを伝達しようと努めるであろう。こうして，直接販売員と広告とは，同じ目的を果たすための異なる手段になる。

5 流通における機関としての広告

現代の商業的な意味における広告は，比較的最近になって発展したものである。19世紀の中葉になって初めて広告は商業界において真に重要になり始めた。しかし，広告が広範囲に使われていた初期の頃には評価の疑わしい特許売薬の販売が圧倒的に多かったために，広告は需要創造の機関として最初のうちは評判があまり良くなかった。この悪評は多くの経済学者の間でなかなか消えず，彼らは「自己宣伝」の名のもとに広告を不用意に非難することで満足してしまい，流通機構における一機関としての広告の地位を正しく分析できてはいない。

今日，広告に関連する弊害と悪用があることは，率直に認めることができるだろう。広告は新しい経済機関なので，広告の真の機能を無視すれば浪費が生じる。これに加えて，広告自体が意識的に誤用される傾向がある。そういうわけで，工場制度が今から1世紀前に広告によって非常に大きな弊害を生んだことがあった。さらに，工場制度が多数の労働者を集めて家内工業制のもとで認識されなかった弊害に目を向けさせたのとちょうど同じように，広告には他の経路による販売にも存在した弊害を公衆の前にさらけ出してしま

う傾向が見られる。しかし，これらはそのこと自体にとって基本的なことというよりは，むしろ望ましくない非本質的な出来事である。弊害は認識され除去されなければならないが，広告が今日われわれの経済組織の中で非常に重要な要素であるという事実をあいまいにすべきではない。広告の着実で顕著な増加は，販売力として効率が良いことを立証している。合衆国では毎年，包括的な意味で少なくとも10億ドルを広告に使っている。これは，広告には真剣に分析する価値があるということを物語る冷徹な経済的事実といえよう。

広告は説明書販売の必然的結果である。広く行きわたっている商業倫理の慣例が現品販売を唯一の実践的方法としている間は，中間業者は必要不可欠な販売機関であったことが指摘されている。その後，経営モラルが向上し，製造方法が進歩して標準化された製品が生産されるようになった時に，見本品販売が現れた。その頃，生産者は中間業者の販売努力だけに頼らず，見込購買者のところへ見本を持った自己販売員を派遣することができるようになった。その次に，さらに高度な慣例と高水準の一般的な理解力とを必要とする説明書販売が出現した時に，第3の販売機関が生まれたのである。

販売員による販売と同じように，広告の場合には生産者が商品への需要を創造するために見込購買者へ商品に関するアイデアを伝達する。とはいっても，購買者が購入する前に現物の商品を見たいと主張する場合には，広告による販売は実用性がなかった。また，商品見本の提示を求められる場合にも，広告はたいていの場合に適していなかった。しかし，現在では普通の平均的な知能があれば商品や見本を見ずに見込購買者は商品に関するアイデアを得ることがで

き，しかも普及した企業倫理の慣例が見込購買者に説明書を信頼してもよいと感じさせるくらい確立している。それゆえ，広告が多くの商品の販売機能を遂行するもっとも経済的な機関となっている。しかも，実際の販売が見本をもとに販売員によって行われる場合でさえ，広告は販売員が需要を具体化するための補助的な機関として用いられる。さらに，購買者が購入を完結させる前に商品を見たいという場合でさえ，実物を見たうえで買ってもらうという条件付きで商品を送付する方法によって，広告による販売だけは今日でも利用されるであろう。

　現代における広告の発達は説明書販売の可能性に左右されるだけでなく，トレード・マークやブランドやトレード・ネームによる商品の差別化が増大していることにも影響される。したがって，前述したように，消費者が購入しようとして食料雑貨店に入っていった時に特定の商品を識別できないならば，生産者は需要を確立するための特定の食料品に関するアイデアを消費者に伝達して利益をあげることができない。

　そこで，広告は販売機能の遂行にあたっては中間業者や販売員にとって代替的なものか，あるいは補助的なものと考えるのが適切であろう。説明書販売の増加と商品差別化の増大によって，広告は多くの流通経路において，こうした他の機関と全面的または部分的に入れ替わる傾向がある。なぜなら，広告は消費者へ商品に関するアイデアを伝達する一層経済的で効率的な手段だからである。

　ここで使われている意味では，広告とは商品への需要を創造するために考案され，商品に関するアイデアを手書きまたは印刷された

シンボルによって見込購買者に伝達するもの，と定義されるであろう。この広義における広告には販売レターやビラだけでなく，新聞や定期刊行物の広告，掲示板やウインドー・カード，ネオンサイン，車内広告，カタログ，およびさまざまな形態をした現代の商業的な宣伝広告まですべて含まれているが，大まかな分類をすれば一般広告と直接広告に分けられる。一般広告には新聞や雑誌の広告，掲示板，ネオンサイン，車内広告などが含まれ，一般大衆やその一部を対象にしている。他方，直接広告は販売レター，ビラ，またはカタログを，送付先リストに掲載されている人たちや，特に効果を及ぼしそうな人たちへ送付する場合に用いられる。この分類は流通機関としての広告を検討する際にかなり重要である。

　ここではさまざまな局面における現代の広告について十分に議論を尽くすことができないし，それは多分必要なことではないだろう。というのは，今日ではわれわれの 1 人ひとりが広告に注目せざるをえなくなっているからである。商品に関するアイデアを直接伝達するために現在使われている機構を理解するために，今日では 1 つの出版社が 2 種類の雑誌によって約375万世帯と接触しており，さらに統計要覧 (the Statistical Abstract) によると1911年にこの国では 2 万2,806の新聞と定期刊行物があったという点を考慮するだけでよいであろう。また，最近において広告がどの程度発達したのかを正しく判断するためには，広告を促進する発明が急速に進歩した点に気づかなければならない──例えば，写真術，写真および製図の複写の網版製版術，正確で説得力のある複写をするための三色印刷法，紙やインクや印刷の低廉化と高質化，などである。

第3章　流通の方法　*83*

　ところで，広告はその使用が数年前には夢にも考えられなかった分野にまで現在広がりつつある。10年前なら広告業者は，新聞に広告を出すのは実践的でないと語ったであろう。ところが，現在では膨大な金額が，筆記されたものや印刷されたものを用いた新聞の一般広告に使われている。広告は今日，商品流通以外の分野でさえ用いられている。鉄道会社は大量に新聞の紙面を毎年買い取り，その中で大衆に自社の状況や姿勢やニーズへの理解を促進する事実を提示し，それによって不利な法律の制定を事前に阻止しようとしている。また，乗客や貨物の輸送量を確保するために鉄道会社によって行われる広告は，莫大な規模に達している。

　こうした性急で未完成な流通機関としての広告の分析には，広告によって喚起される需要の性格についての言及を含めなければならない。広告は3つの一般的な需要の階層を形成しているといえるだろう。つまり，(1)明確に意識される需要，(2)明確に意識されない需要，それに(3)潜在意識的な需要である。

　この需要に関する3つの階層は，食料雑貨商の販売する製品について，発行部数の多い定期刊行物に8,000ドルもする2ページ分の折込広告が掲載されたと仮定することによって説明されよう。例えば広告を行った結果，3万人が食料雑貨店へ行って製品を買い，6万人が将来その製品が必要になった時に購入することを決め，さらに10万人以上が食料雑貨店で製品を見て広告された製品であると認識するというような刺激的な要因の影響を受けると仮定してみよう。そうすると，この場合に3万人に関しては明確に意識される需要，6万人に関しては明確に意識されない需要，10万人に関しては広告

によって生じた潜在意識的な需要と呼ぶことができるであろう。別言すれば，明確に意識される需要は現時点における販売を意味し，明確に意識されない需要は将来の販売を意味し，さらに潜在意識的需要は将来の販売努力が功を奏するように市場が開拓されたことを意味している。明確に意識されない需要と潜在意識的需要は測定するのが難しいが，販売機関としての広告の効率性を考察する際にはつねに考慮されなければならない。

6　これまでの分析目的

以上に述べたことは，分析するのが目的であった。流通に関する一般的な問題，現代の製品差別化，生産者が用いる価格政策，販売方法，それに3つの主要な販売機関がすべて手短に考察された。これは経済学者も企業経営者も，以前にそのような分析を行ったことがないという意味で必要なことであった。

以下に述べることは企業経営者に対して実践的な示唆を与えるためのものではあるけれども，問題の社会的重要性を忘れてはならない。流通問題を体系的に取り扱うことは企業経営者にとって事業の成功に結びつくが，その一方でより良い流通機構は社会にとって毎年巨額にのぼる浪費をなくすことにつながる。広告に毎年費やされる数十億ドルのかなりの部分が浪費され，その支出が正当化されず，かつ不適切に運用されることが多いからである。加えて，流通業者は商品を欲している時と場所で物理的に入手できるようにすることによって喚起された需要を利用できないことが多いというだけでは

ない。やっかいで混乱した流通システムが消費者に対する商品コストを実質的に高めている。関税局 (the Tariff Board) が1912年の3月22日に合衆国大統領に提出した綿花計画に関する報告書の要約 (Summary of the Report on the Cotton Schedule) の中で指摘しているのは，まさに費用のかかる不都合な流通機構である。

いわく「この国では生産者から消費者への流通方式が割高であるために，生産コストや工場価格がヨーロッパと同じくらい低い織物の場合でさえ，この国の消費者はヨーロッパの消費者よりも決定的に高い小売価格を支払っている」と。

流通における改善の社会的重要性は，単に消費者に対する製品コストを下げるという問題にとどまらない。流通システムがうまく組織化されないと，消費者はニーズを容易かつ的確に満たすことができなくなってしまう。ただし，この不幸な状況は不可避的なものではない。

今日まで流通に関する実態が，傾向や基本原則を十分に示すようなやり方で収集，記述，および分類されてこなかったというのは事実だが，それでもより良い組織を構築する道は開かれている。そこで，企業経営者は他の学問分野で成功した体系的な研究方法を流通問題に応用しなければならない。企業経営では科学的な研究方法の必要性が高まりつつある。企業経営が一層高度に統合されるにつれて，単なる直感が果たす役割は小さくなり，発生した問題に対する科学的アプローチが要求されてくる。しかも，流通問題への科学的アプローチは適用可能である。

今日，普通の企業経営者は経験的な方法に基づいて製品を市場に

出している。つまり，自己の事業に対する直感に賭けているわけである。したがって，販売キャンペーンの成否によって，その商才が確かな指針であったかどうかを知ることができるにすぎない。ただし，他の商品について得た過去の経験によって，どちらの販売機関が効率的であるかが示される場合には，次に市場に出そうとする商品にその機関を使用するであろう。異なる機関を比較する際には，平均販売コストによってどちらの機関になるかが決まる。したがって，中間業者を通した製品の平均販売コストが販売員や広告による平均販売コストよりも低いことが短期間にわかれば，中間業者を用いる方法だけに依拠することになる。企業経営者はもっとも経済的な機関を考察するための基礎として市場が分析されるのを待ってはいない。ある特定の販売方法を支持しているために，市場の一部または一階層の流通において非常に経済的な機関が，これ以外のケースではそうならないかもしれないということをいつも認識しているとは限らないからである。しかも，伝達されるアイデアや販売努力の基礎となる表現形態そのものを体系的にテストしようとは少しも考えていない。

第IV章

市場に関する考察事項

　企業経営者は解決しなければならない問題が錯綜していることを最初にはっきりと理解しなければならない。彼は自己の市場を分析しなければならないが，市場問題の複雑さを指摘するために十分なことがすでに述べられた。企業経営者は地理的に広範囲に分布し，購買力と感知されたニーズに関して両極端を示す多数の見込購買者に対処している。しかし，個々の消費者の有効需要は購買力に左右されるばかりでなく，教育レベル，性格，習慣，それに経済的および社会的環境から生じる消費者の意識的または潜在的なニーズにも左右される。それゆえ，市場は地理的な区画だけでなく，経済的および社会的な階層へも分割されていく。

　生産者は消費大衆の地理的分布を無視でなきい。彼は人口密集地では販売員を用いた販売で利益をあげることができるけれども，そのような販売方法では人口が散在する地域で利益をあげることが不可能であろう。もし生産者が判断基準を市場全体に対する販売員の

平均販売コストに置くならば，間違いを犯しやすくなる。なぜなら，その場合の平均というのは，計算に含まれる若干の地域では販売員の使用が実際に利益をあげていなかったものの，その機関の使用は全体的には利益をあげていたということを示しているかもしれないからである。また，人口が密集している都市の中心部に流通業者が支店を設置することは経済的であろうが，人口が散在している地域では通常の経路によって製品を流通させるともっとも利益をあげることができる。

　そこで，しっかりした流通システムを確立したいと考えるならば，企業経営者は地理的に相違する地域は別個の問題領域にあたるということをはっきり理解しなければならない。こうして，市場全体が異なる地域に分割されていく。

　同じように重要なことに，市場の形勢と呼ばれるものを認識することがある。流通業者にとって市場は一様に平坦なところではなく，さまざまな経済的および社会的な階層で形成されている。しかし，普通の企業経営者が自己の製品に関する市場の形勢を正しく評価することはめったにない。それなのに，明らかにトレード・マークの付いた帽子の生産者の成功は，市場の形勢要素を認識することにかかっている。例えば，3ドルする日用品の帽子を売る流通業者は，5ドルするトレード・マーク付きの帽子を販売している流通業者や4ドルないし6ドルするトレード・マーク付きの帽子を販売している流通業者と比べると，異なった経済的および社会的階層に訴求し，異なった考察事項に対処し，さらに異なった販売方法が必要となることに気づく。それゆえ，しっかりした流通システムを構築したい

ならば，目標となる経済的および社会的な階層のちがいは地理的な位置関係や密集状態のちがいと同じくらい重要な問題になる。

　カトリック教の出版物の販売キャンペーンを計画しようとしている流通業者を取り上げてみよう。彼は合衆国におけるカトリック教徒の人口の地理的分布，その人口が比較的密集している地域，およびその人口が大きな要素を占めていない地域を考察することが不可欠である。しかし，そればかりではなく，社会の経済的な階層構造に基づいてその人口を考察しなければならない。したがって，カトリック教徒の人口が密集し，しかも社会のあらゆる経済的階層に分散しているニューオーリンズ（New Orleans）で成功した流通方式が，カトリック教徒の人口が比較的散在し，低い経済的階層にそのほとんどが属しているメイン州（Maine）で用いられるならば，恐らくうまくいかないだろう。

　そこで，地域や階層によって自己の市場を注意深く分析することが，現代の流通業者にとって最初の課題となる。

1　流通における機関の選択

　商人的生産者も通常，市場に到達するのにもっとも効率的な機関またはその組合せの問題がいかに錯綜しているのかを理解していない。すでに示唆されたように，企業経営者は1つの方法を採用し，他の方法をまったく無視してその方法の支持者になることが多い。採用された方法は他のどの方法よりも効率的かもしれないが，ある地域に到達する際に比較的効率の良い方法は，別の地域に到達する

際には他の方法より劣っているであろうことが明白である。それで，ある経済的階層へ到達するのに非常に効果的だった流通システムが，社会における異なった経済的階層へ到達するために用いられる場合には，それほど効率が良くないわけである。

したがって，もっとも効果的な機関の組合せを構築するという問題は，きわめて複雑である。それぞれの異なる地域や経済的な階層は，別個の問題領域として取り扱われなければならない。それに加えて，収益逓減の法則で具体化された経済の一般論が，全体としてもっとも効率の良い市場構造を作る販売機関の組合せを選択する際に考慮されなければならない。

このように流通業者が現在自己の活動範囲になっている地域に隣接する地域へと業務を地理的に拡張するにつれて販売費は着実に減少していくが，さらに市場を拡大していくと販売費が増加することに気づく。もっと遠隔の地域になると販売員による販売が利益を生まなくなることに気づき，そこでは販売員と広告用ビラの組合せによる一層経済的な販売システムが恐らく構築されるであろう。つまり，流通業者は販売員の訪問回数を半分に減らし，一連の広告用ビラや個人的な通信によって販売員の努力を補うであろう。これよりさらに遠隔の地域になると，販売員を完全に排除して直接広告だけに頼って販売することが必要になるであろう。

中間業者の諸機能を分析すること，および機能的中間業者の出現によって代替的な流通機構がどの範囲まで可能になったのかを分析することについては，これで十分であろう。その結果，企業経営者が販売員や広告による直接販売に対して中間業者を通す流通を均衡

第 4 章　市場に関する考察事項　*91*

させる際に提示される問題がどんなに複雑であるのかを，ここで詳細に指摘するには及ばないであろう。

とはいっても，販売員の使用とさまざまな形態の広告の使用とを比較する際に生じる考察事項には，注意が向けられなければならない。企業経営者は短期間の直接的な収益だけに基づいてさまざまな販売機関を評価することが多い。広告を論じた際に，販売努力によって喚起される 3 段階の需要について述べた。すなわち，(1)明確に意識される需要，(2)明確に意識されない需要，それに(3)潜在意識的な需要である。販売努力によって直接かつ即座にもたらされる収益は，明確に意識される需要だけによって決まる。しかし，企業経営者は明確に意識されない需要と潜在意識的な需要をも考慮に入れなければならない。タバコが広告されると仮定してみよう。ある人が広告に気づき，それを読み，いつか吸ってみようと決意し，数カ月後にそうする。これは直ちに直接的な収益をもたらさないが，明らかに考慮されるべき成果といえる。あるいは，ある人が広告に気づいたと仮定してみよう。後日，タバコを購入する際に，他のブランドと一緒に広告されたブランドを見せられる。そうすると，広告されたブランドはその人には広告によって何となく親しみがわくので，他のブランドよりも優先して購入する。ここでも喚起された需要は直ちに直接的な収益をもらたすほどの段階にはいたっていないが，流通業者にとっては価値あるものとなる。

そこで明らかなことは，全部または一部を広告によって販売することと販売員によって販売することとのメリットを比較する場合には，直ちに直接的な収益に結びつく明確に意識される需要だけでな

く，即座に効果は現れないがその後の販売を一層容易にする低いレベルの需要をも考慮しなければならない，という点である。

こうして販売員が100ドルの支出で50回の訪問を行うと，その努力の結果として10個の販売が生じるかもしれない。あるいは，同じ100ドルで5,000枚の直接広告が郵送されると，結果的にはたった8個の販売が生じるにすぎないかもしれない。あるいは，同じ100ドルが発行部数10万部の標準的な雑誌の1ページ分の広告掲載に使われるとすれば，たった6個の販売が生じるにすぎないかもしれない。そうすると，直接的な結果によって判断すれば販売員がもっとも効率のよい流通機関で，その次が直接広告，そして雑誌の広告がもっとも効率が良くないことが明らかになる。しかし，流通業者は直ちに効果を表わさない需要の段階があることを銘記しなければならない。つまり，販売員は10個を販売したけれども，これらの低い段階の需要を創造するために，たった40の機会があったにすぎない点を考慮しなければならないわけである。その一方で，直接広告は表現が十分でなかったけれども4,992の需要創造の機会を提供し，雑誌の広告は当面の目的でその広告を1人が半分見たと仮定すれば4万9,994のそうした機会を恐らく提供したであろう。雑誌の多くは数人によって読まれるのが普通だから，これはありえなくはない想定といえる。

そこで，しっかりした販売政策が，地域や階層ごとの慎重な市場分析と，それぞれの地域や階層に到達する適切な機関や機関の組合せに関する詳細な研究とに基づいて策定されなければならない。その際，収益逓減の法則に示されている経済の一般論をつねに考慮に

第4章　市場に関する考察事項　　*93*

入れておく必要があろう。その販売政策はまた，短期間にどちらか
の機関を用いて直接得られる結果だけでなく，将来の販売キャン
ペーンを支援する明確に意識されない需要や潜在意識的な需要に代
表される測定困難な結果をも考慮しなければならない。

　これらはすべて流通に関する特定の問題を取り扱う実践的で確実
な方法として役立つというよりは，むしろ一般的な方向づけを与え
る傾向がある。慎重な分析によって問題点を明確に把握することは，
困難な問題を解決する最初のステップとなる。しかし，流通におけ
る現在の不適合に対して万能薬のようなものを示すといったことは，
たとえそれが可能だとしても，この論文の目的ではない。分析に
よって明らかにされる非常に複雑な関係は，どの改善策もそれだけ
では不十分なことを示している。しかし，科学的な精神——すなわ
ち「実験的方法」と称されるものを導入すること——で診断の問題
と同じように改善の問題に取り組むことは可能である。

2　流通に関する実験的研究

　流通問題の要点は，販売機能を適切に遂行することである。企業
経営者はさまざまな機関によって最大の需要を創造するような製品
に関するアイデアを見込購買者に伝えなければならない。これは，
使用される機関が何であっても基本的な目標となる。それゆえ，こ
の点にこそ流通に関する科学的研究が最初に応用されなければなら
ない。それでは，企業経営者はどのようなアイデアが見込購買者に
伝えられるべきであり，またどのような表現形態がそうした伝達に

もっとも適合しているかを，どうやって決めることができるのであろうか。

　流通に関する他の問題点と同じように，ここでも普通の企業経営者は今日でも経験的方法に頼っている。適切なアイデアと表現形態を推測 (guess) して，その推測に賭けるのである。実際のところ，自己の製品に対する需要を確立するのに適したアイデアと，そのアイデアを効果的に伝達するのに適した表現形態とを直感的 (a priori) に選択して，販売キャンペーンに何万ドル，さらには何十万ドルをも投資する。

　確かにもっと有能な企業経営者になると見込購買者の注意を引きつけ，望ましい反応，すなわち商品に対する欲求を起こさせるような商品についての真相を究明しようとするであろう。その場合には，他の類似商品と比較して自己の製品の持つ品質やサービスの優れた点を研究するのが一般的である。

　彼らはアイデアが伝達される形態についても指針を求めるが，書き方や話し方のスタイルに関する一般原則では，すべての指針がコミュニケーションの摩擦をなくすことによって見込購買者の精神的エネルギーを温存するという基本的見解に基づいている。例えば，意味の微妙な違いを正確に表すには短くてありふれた単語を使うべきである。比喩的な言葉を優先して用いるべきである。イメージが作られる素材が伝達された後で具体的なイメージを提示すべきである。できれば抽象化や一般化を避けるべきである。望ましい反応を示している最中では言葉を素早く，鋭く，かつ人を動かさずにはおかないものにすべきである，というようなことを彼らは心得ている。

第4章　市場に関する考察事項　*95*

　これらのことを，有能な企業経営者は知っていて応用する。しかし，これはすべて直感的 (a priori) である。そこで，何千万，何十万ドルという莫大な金銭が販売キャンペーンを成功させるためにつぎ込まれる前に，いわば実験的状況下で販売のアイデアや表現形態を徹底的に試すことができる実地テストが必要になってくる。

　広告に毎年少なくとも10億ドルが支出されているといわれているが，このうちの非常に大きな部分は明らかに浪費されている。これは個人的な損失だけでなく，社会的な損失でもある。資本や生産エネルギーを，利益のあがらない方向へ散逸させているからである。

　この浪費の原因はたくさんある。その商品は消費大衆の側に，需要の基礎を築くような品質やサービスの要素を備えていないかもしれない。広告される商品が意識的または潜在意識的な消費者ニーズを満足させるのに適合しないのなら，その広告は効果的であるはずがない。だれも必要としない物を売ろうとするのは，無駄な努力をしていることになる。

　さらに，商品に関するアイデアを伝達するために用いられる手段は，その商品の見込購買者が属する特定の経済的または社会的な階層に到達する手段でないかもしれない。そうであれば，そのアイデアは商品に対する潜在的ニーズが存在する階層に到達しないので，需要を創造することはできない。

　広告を浪費するもう１つの重要な原因は，喚起された需要をうまく利用できない点にある。流通業者は製品の物的供給の問題に十分な注意を払わないことが多い。そのために需要を創造された人々が欲した時に商品を手に入れることができないことから，需要につい

てはかなりの漏えいが生じる。

　しかし，浪費の大きな原因は恐らく，商品に関するアイデアやそれらのアイデアが見込購買者に伝えられる形態が，望みどおりの反応を得て消費者に有効需要を創造できるようにうまく適合していない，という実態であろう。

　この広告の浪費という切迫した問題に他の分野で効率の良かった研究方法を応用できれば，効果的なことは明らかである。技師は材料を用いて橋をつくり，その橋がかかっているかどうかを見てから橋の材料を選ぶのではない。彼は最初に実験室で材料をテストする。それこそが企業経営者がしなければならないことである。

　統計家が問題を解決する際には平均の法則を用いる。彼は大量現象と呼ばれるものに精通しており，例えば，大きな集団から無作為に抽出された数千人のグループの身長を調査することによって，人の集団の平均身長がかなりよくわかることを把握している。つまり，小さいほうの集団は大きいほうの集団を代表していることが保証されるように選択され，この小さいほうの集団が平均の法則を適用できるくらいの大きさがあるとすれば，小さいほうの集団の平均身長を確定した時に，その平均身長は大きいほうの集団の平均身長とだいたい一致するであろうことを知っているわけである。

　この研究方法は販売キャンペーンで用いられるアイデアや表現形態をテストする場合に，企業経営者が応用できるものである。需要が喚起されたことの証明となる商品への注文を引き出す見込購買者への直接広告，例えば販売レターやビラやカタログなどを送付する際に，直接的な統計上の測定に適用される刺激と反応が得られる。

要するに，1,000の伝達についていくつの反応があったかを確定できる。実験室と同じような条件で製品への需要を喚起するのにもっとも適切と思われるアイデアや表現形態をテストする時に，企業経営者が用いることのできる機関がここにはある。

食料品の製造業者が，消費者ではなくて国内の食料雑貨商を対象とするキャンペーンを計画していると仮定してみよう。現在，食料雑貨類を扱っている大小の販売業者は全部で25万人くらいいる。望みどおりの需要を喚起するのに効果があると思われる一組のアイデアと表現形態を設定した後，例えば1,000人の食料雑貨商へ郵送することによってこの素材を流通業者にテストさせてみる。その場合に選択されたグループは典型的な結果を引き出すのに十分なほど大きくなければならず，また食料雑貨商全体の性格を代表しているように選択されていなければならない。

これらの要素がそろっているとすると，流通業者は伝達が行われた1,000人の食料雑貨商からの回答数を確定することができ，さらにその結果から国内で食料雑貨類を扱う25万人の販売業者全部に同じ表現形態で同じアイデアを伝えたならば得られるであろう1,000の伝達に対する平均回答数を推定することができる。その次には，さまざまなアイデアの組合せやさまざまな表現形態を，別の1,000のグループへ直接郵送することによってテストすることができる。販売の素材に関するその他の修正も同じように行っていく。このようにして，望みどおりの需要を喚起するためには，どのアイデアがどの組合せでどの表現形態の時にもっとも効果的なのかを決定することができる。

表1 銀行家のテスト

最低基準＝1,000につき20

郵送資料	テスト				郵送			
	日付	郵送部数	受注総数	1,000につき	日付	郵送部数	受注総数	1,000につき
	1909				1909			
A¹	3/30	500	3	6				
A²	3/30	500	5	10				
B¹	8/13	500	6	12				
B²	9/13	500	3	6				
C¹	9/15	500	4	8				
C²	9/15	500	3	6				
D¹	9/15	453	6⎫	25⎰	9/27	19,943	360	18
D²	9/15	500	18⎭					
E	9/16	500	7	14				
F¹	9/21	500	24⎫	36⎰	11/23	16,511	589	35
F²	9/21	500	12⎭					
G	10/18	1,000	30	30	11/28	21,790	643	29.5
					1910			
H	11/16	500	11	22⎰	1/24	6,554	165	24
					1/24	16,039	390	
	1910							
I	4/11	500	12⎫	24⎰	5/5	6,810	145⎫	25
	4/11	500	12⎭		5/4	12,154	336⎭	

注記――同じレターでも「郵送資料」の欄に異なる指数を付して表記されている場合には，テストにおける郵送結果が2つの小さな集団へ送付された同じ資料に対して別々に記録されていることを示している。

　提案された計画が実践的なものであることは，表1に記載されているような精力的な研究の成果によって示される。ここには「テスト（tests）」の結果および全部の郵送結果が示されている。ここで

のテストは社会の一階層だけを対象に，銀行家の郵送先名簿が用いられている。郵送された販売資料の目的は，特定の出版物に対する注文を得ることであった。さまざまな形態の「コピー（copy）」が，通常は名簿に記載されている500人まで郵送によってテストされた。どのテストにおける回答も1,000の伝達について最低基準である20の注文を越えた場合には，その資料は名簿に記載されている全員へ郵送された。ただし，名簿の全員へ郵送したなかでたった1回だけ，1,000の伝達についての平均回答数が事実上テスト郵送から得られたものと同じにならなかった。1909年9月15日に郵送されたテストD1の場合には，回答が郵送結果と明らかに調和がとれていない。しかし，同じ日に郵送された同じ資料（テストD2）は，類似した小さな集団に対して最終的な郵送から得られた結果に非常に近い回答を示している。これは，20という低い最低基準が用いられ，しかもテスト集団がたったの500人にすぎない場合，1人がいくつかの注文を出すことによって平均が妨げられる危険性があるからである。したがって，テスト集団が大きくなればなるほど，全部へ郵送することから得られる結果に対して，その集団はますます正確な指標を提供することになるであろう。

　直接広告におけるアイデアや表現形態を研究するこの方法は，その有用性が直接広告に限られているとしても重要であろう。それは比較的費用のかからない調査によって，広範囲に拡大する直接広告を用いたキャンペーンに指針を与えることができるからである。

　しかしながら，上述した方法の重要性は直接広告についてだけいえるというわけではない。どのような販売機関が用いられようとも，

基盤となる考え方は同じである。販売は商品に対する欲求を刺激するよう計算された商品に関するアイデアを見込購買者へ伝達することによって行われ、これらのアイデアは中間業者、販売員、一般広告または直接広告によって伝達されるであろう。しかし、伝達機関が何であろうともアイデアは同じだから、企業経営者は直接販売の実験において、どのアイデアがどの組合せの時にもっとも効果的な販売材料になるかを確定することができる。それから、そこで得た知識を他の機関を通して行われる販売にも生かすことができるようになる。

定期刊行物を用いた広範囲に及ぶ販売キャンペーンが考案されていると仮定してみよう。流通業者は恐らく何十万ドルを特定の定期刊行物の広告に使おうとするであろう。しかし、望みどおりの需要を創造するために伝えられるアイデアおよび用いられる表現形態を決定する際に「流通実験室 (distribution laboratory)」は何をすることができるだろうか。現在では、用いられる定期刊行物の発行部数が何十万、さらには何百万部にも達している。企業経営者は、この非常に多くの購読者に特定の形態で表現された特定のアイデアを伝達することによって生じる反応をテストしたいと考える。そこで、直接郵送の機関を用いてもっとも効果的なアイデア、もっとも効果的な配列順序、もっとも効果的な表現形態を創り出すことができる。それだけでなく、比較的小さな集団へ直接郵送することによって、ちょうど定期刊行物に掲載されるように最終的な「コピー(copy)」それ自体でさえもテストすることができる。

さらに、異なる社会階層に見られる反応をテストすることもでき

る。そうすると，ある経済的または社会的な階層で商品需要を確立するのに適合するアイデアは，別の階層を対象にした場合には効果的でないかもしれない。すなわち，この方法の重要性は，大部分の定期刊行物が特定のかなり明確に限定された経済的および社会的な階層のなかで購読されているという点にある。このため，ある定期刊行物で非常に効果的なアイデアや表現形態が，異なる階層で購読されている別の定期刊行物で用いられると，あまり効果を発揮しないかもしれないのである。

　同じように重要なことは，販売員による販売に対して提案された研究方法を応用することである。進歩的な企業経営者なら，今日では特定の基本的な「セールス・トーク (selling talk)」について販売員を訓練する。こうして，一定の順序で配列され，かつ特定の形態で表現される特定のアイデアが，見込購買者に商品への需要を確立させるように販売員に印象づけられる。この基本的な「セールス・トーク」は，もちろん販売員によってオウム返しに繰り返されるのではなく，実際には見込購買者に対する話し方の基礎をなすものとして役に立つ。

　ここでさらに実験的な考え方を応用することができる。セールス・トークの全体構造は，直接広告という媒体による需要創造においてもっとも効率的なものとして確立されたアイデア，配列順序，および表現形態に基づいて構築することができる。したがって，どのような機関によって行われようとも，直接広告に関する実験で得られた結果を販売員による販売にも援用できることを理解するためには，基本的に販売機能が同一のものであることを認識しさえすれば

よいのである。

また，市場の一部を集中的に開拓することによって市場全体の発展性を調査しようとする場合には，「テスティング（testing）」の方法の土台となっている一般原則を応用するという点にも注目しなければならない。特定地域に限定された販売キャンペーンは範囲が狭いけれども，同じような性格を持つ全国的規模のキャンペーンへ発展させられるか否かの可能性を判断する際には，比較的正確なデータを提供するであろう。いうまでもなく，平均の法則が有効であれば，ある地域で得られた結果を他の地域に応用することができ，それゆえに少ないコストで広範囲にわたるキャンペーンを運営することができるようになる。

このような「テスティング」の方法によって得られる正確なデータのおかげで，ある機関が一定以上に使われると収益が減少していくことを一層科学的に考察することができる。このようにして，全体の効率を最大にするために，さらに適切な機関の組合せが可能になっていく。

3　さまざまな価格政策の効果

企業経営者が市場に新製品を出そうと目論む際に重大な問題となるのが，販売する時の価格である。例えば安全カミソリの導入に際しては，いくらの価格で販売すればよいのであろうか。このような場合に，企業経営者はあらゆることを考慮に入れて，どの価格が最大の純利益をもたらすのかを判断しようとする。現在では上述のよ

第4章　市場に関する考察事項　　*103*

うに研究方法が開発されたおかげで，企業経営者はさまざまな経済的および社会的階層でいろいろな価格水準で確立される有効需要を実際にテストすることによって測定できる。したがって，単なる推測によるのではなく，比較的正確なデータに基づいて価格を設定することが可能となっている。

　さらにまた，ここで提示された実験的方法は，特定の製品についてどのような要素が消費者にもっとも重要なものと考えられているのかを決定する際に役立つ。需要を確立する際に伝えられるアイデアの有効性は，示された品質やサービスの要素に対する人間の欲求の強さを反映している。そこで，生産者は消費者に打診して，製品を消費者の感知されたニーズに一層うまく適合させることができるようになる。

　このようにして，全体の販売キャンペーンは実験的研究と称される方法に基づいて方向づけられる。また，普通の企業経営者の経験的方法は，他の分野で有効だった科学的方法によって補強されることになろう。

　上述した実践的な提案は，主として当面する諸問題と悪戦苦闘している企業経営者へ向けられたものである。しかし，もう一度その提案の社会的重要性を強調しておくほうがよいであろう。広告に関して毎年生じる多額の浪費がなくなるという理由だけからではない。現在の流通システム全体が混乱しており，この流通における混乱状態は人間の欲求に対して形態や場所がうまく調整されていないことをも意味しているからである。指示された方向に沿って体系的で広範囲にわたる研究が流通問題に応用されて初めて，関連する事実や

原則に関する組織的な知識体系を構築することが可能になる。だからこそ，流通に関する組織的な知識体系に基づく場合にだけ，一層効率の良い流通機構を確立するという希望を持つことができる。

また，この目的のために企業経営者は大学にいる科学者と協力しあわなければならない。より一層効率の良い流通機構を実現するために，実践的価値のある多くの実験や研究を，訓練された研究者たちは行うことができるからである。例えば，実験心理学者は特定の販売問題を解決する際には，企業経営者を支援する一般原則を引き出すために多くのことができる。難しいのは，実験室にいる研究者が企業経営者たちに特有の問題に対して注意を向けようとしない点にある。

同様にして大学は，経済学を学んだ調査員の手によって，非常に実践的な価値を持つ流通に関するデータを収集し関連づけることができる。大学は研究所を通じてさまざまな段階でいろいろな産業における流通コストの問題を研究すべきである。そうすれば，しだいに企業経営の実態に関する組織的な知識体系が生まれるであろう。流通システムにおける将来の改善が可能になるのは，このような方向に沿った進歩によってである。

論 説 Ⅰ

マーケティング論の発祥と展開

1. はじめに：A. W. ショーの功績

A. W. ショー（Shaw, A. W.）および彼の主著『市場流通に関する諸問題（*Some Problems in Market Distribution*）』の名前は，マーケティングの史的展開に関する文献のなかでは必ずといってよいほど何度も出てくるが，日本で出版されている一般的なマーケティングのテキストなどでは言及されていないものが若干見うけられる。まして，経営学一般の書籍のなかで見ることはまれであろう。同様のことはアメリカの文献についてさえあてはまることで，Marketingまたは Marketing Management に関する専門書やテキストなどで見かけることは実際に少ない[1]。

だからといって，ショーの業績に対する現代的な評価が低いというのでは決してない。それどころか，ショーに関する研究はマーケティングの研究を志す者にとっては今でも避けて通れないほどの重要性があるといっても過言ではないであろう。このことは，次のようなショーに関する論評にはっきりと表れている——

■ マーケティング研究はいうまでもなく A. W. ショーの体系に始まる[2]。

■ ショーによって理論的端緒を開かれたマーケティングは，生産面における科学性・合理性を流通・販売の面に援用できないかという問題意識から出発したものである[3]。

■ マーケティング研究は巨大企業の需要創造のための流通過程支配のための流通過程の研究であった。そうした研究の端緒となったのが，1915年のショーの『市場配給の若干の問題点』であった[4]。

■ 多くの論者によって指摘されているように，マーケティング論の端緒はショーの『市場流通における諸問題』に求めるのがもっとも妥当であろう[5]。

■ 彼（A. W. ショー）は「マーケティング論の父」といわれるほど有名であり，また彼の所説についてはすでに内外に多数の論稿がみられる[6]。

■ 歴史的には，1912年のショーの論文によって，マーケティング論の科学的，体系的な研究の幕が切って落とされた[7]。

■ 彼（A. W. ショー）こそはまさに「マーケティング論のパイオニア」であった[8]。

■ マーケティング論の端緒的成立は，A. W. ショーの『市場配給の若干問題』が発刊された1915年であった[9]。

以上のようにざっと目を通しただけでも，マーケティング研究の創始者としてのショーへの高い評価は定着しているといえる。

2．マーケティング研究の萌芽と発展

　ショーは主として企業経営者の立場からマーケティングにアプローチしているが，とりわけ流通経路の短縮化をはじめとする流通問題に焦点を当てて考察している点が注目される。この辺の事情については，アメリカのマーケティングのテキストが「物的流通に要する莫大なコストは，60年以上にわたりマーケターに特別な関心を持たせてきた。事実，最初のマーケティングの文献は流通に関するものであった」と述べて，そのもっとも初期の頃の著作としてショーの『市場流通に関する諸問題』を挙げている点からも容易に推測することができるであろう[10]。つまり，18世紀に起こった産業革命の影響で生産効率が徐々に高まっていき，19世紀の後半になると人々が必要とする以上の製品が市場に出回る兆しが現れた。こうなると，それまでの「造れば売れる」という生産志向に片寄った観点だけではやっていけなくなり，「いかにして売るか？」という販売志向の観点をも取り入れざるをえなくなった。

　このような状況は，ショーが価格政策の中で商品の差別化を多く取り入れている点にもはっきりと示されているが，その背景には流通システム全体が混乱状態にあったという現実を忘れてはならないだろう。さらに20世紀に入って大量生産が広く行われるようになって高度大衆消費時代へと突入していくが，その過程で流通および販売の機能がさらに重要性を増し，マーケティング研究への萌芽が歴史的必然性を持って芽ばえることになる。このようにしてショーは，

流通問題こそが当時の企業経営者が解決しなければならないもっとも切迫した問題であると，先見の明を持ってとらえていたといえよう。そればかりでなく「歴史は繰り返す（History repeats itself）」という諺があるように，現代日本の流通機構でさえも国際化のうねりの中で大変革を迫られていることは周知のとおりである。

　実際，物的流通（physical distribution）という機能が日本に実質的に導入されたのは1963年とされており，それが「物流」という新しい日本語として定着していくことになる。日本では高度経済成長期に，大量生産と大量消費とを結ぶ大量流通の効率化の実現が求められたからである。その後，経済が成長期から成熟期に転じると，今度は多品種少量生産と多頻度即納流通が求められるようになり，トータルな物の流れを戦略的に効率化することが必要になってきた。これが「ロジスティクス（logistics）」という概念の登場を促すわけだが，ロジスティクスは競争激化とともに顧客満足を実現する経営戦略の重要課題と認識され，「物流を制するものは企業，そして社会を制する」とまでいわれるようになってきている[11]。

3. 「マーケティング」という概念の定着

　ところで，アメリカにおいて「マーケティング（Marketing）」という用語が登場したのは1900年から10年の間といわれており，マーケティング思想の発展段階では発見時代（the period of discovery）に相当する。ただし，どの文献の中で最初にマーケティングという用語が使われたのかは定かでないようだが，1905年にはペンシルベ

ニア大学で「マーケティング」という名称の講座が存在し，9年にはピッツバーグ大学，さらに10年にはウィスコンシン大学でも同じ名称の講座があったことが確認されている。また，当時のマーケティングという用語の特徴としては，取引（trade）や流通（distribution）や交易（exchange）が単なる活動（simple activity）を表していたのに対し，マーケティングにはアイデア（idea）という要素が含まれており，これがマーケティング概念の形成に非常に大きな役割を果たしたと考えられる[12]。

それに続く1910年から20年にかけては概念化時代（the period of conceptualization）と呼ばれ，特にマーケティングの機能面に焦点が当てられたようである。ショーの研究成果もこの時代に属し，ショーは中間業者の発展過程に歴史的考察を加えたうえで，流通における中間業者の機能を一般的に①危険の負担，②商品の輸送，③営業活動への金融，④販売（商品に関するアイデアの伝達），⑤集荷，仕分け，および再発送という5項目に分類している（原著書の76頁）。

この概念化時代に多くのマーケティングに関する概念が発達したのは事実だろうが，実は『市場流通に関する諸問題』の中にはマーケティングそれ自体に対する明確な定義が見あたらない。しかし，マーケティングの構成要素として，恐らくショーは需要創造活動における「商品に関するアイデア」の伝達を一番重要なことと考えていたのではないかと推測される。

もっとも，マーケティング概念の多義性は一般に認められていることではあるけれども，1985年に改訂されたアメリカ・マーケティング協会（AMA）によるマーケティングの定義のなかで財（goods）

やサービス（services）に新しくアイデア（idea）が付け加えられたことを考えると，ショーの理論にはやはり現代のマーケティングへ通じる貴重な何かがあると強く感じられるわけである。なお，その定義によると「マーケティングとは個人または組織の目標を満たす交換を創出するために，アイデア，財およびサービスのコンセプション，価格設定，プロモーション，そして流通を計画し遂行するプロセスである」となっている。

　参考までに訳者が調べたところ，ショーの前掲書の中には「マーケティング（marketing）」という言葉が以下に列挙するように8カ所使用されており，なかには 'market' を動詞として用いている（例えば原著書の98頁）ケースも見られる。

● our marketing system（原著書の16頁）
● the first extreme of marketing dependence（同18頁）
● the general marketing scheme（同20頁）
● the right method of marketing（同32頁）
● the marketing of the product（同41頁）
● the problems of marketing（同42頁）
● the marketing of hats（同50頁）
● the marketing of staple goods（同54頁）

　こうしてみると定義のあるなしにかかわらず，ショーの頭の中ではマーケティングという概念がかなりはっきりとイメージされていたと考えるのが妥当ではないだろうか。また，その一方でショーは

論説Ⅰ　*111*

マーケティング，とりわけ流通（distribution）が新しい研究領域であることを認識し，他の学問分野における有用な概念を援用して理論形成をはかっている。例を挙げれば，経済学からは消費者余剰や収益逓減の法則，統計学からは平均の法則を応用し，さらに需要を①明確に意識される需要，②明確に意識されない需要，③潜在意識的な需要の３つに分類しているのは心理学の発想を取り入れたと考えられること，などである。

４．企業経営におけるマーケティング

　ショーは第Ⅰ章の冒頭で企業経営者は科学的精神を持たなければならないと主張し，第Ⅱ章では「科学的管理（scientific management）」という言葉を実際に使っている（原著書の43頁）。また，企業経営活動の本質的な要素は動作を素材に適用することだとして，目的のない動作は社会的観点から見ても無用なもので排除されるべきであることを提唱している。これは明らかに「科学的管理の父」と呼ばれるテイラー（Taylor, F. W.）が唱えた科学的管理法とその基礎をなす動作研究の影響を受けていることを如実に示しているといえよう。

　さらに，従来のように企業経営は経験的方法に基づいて行われるべきではなく，そのよりどころとなる原理や原則ないしは基準というものを随所で見い出そうとしている点も，テイラーの考え方と軌を一にしていると考えられる[13]。ちなみに，ショーは第Ⅲ章の終わりのほうで「企業経営では科学的な研究方法の必要性が高まりつ

つある。企業経営が一層高度に統合されるにつれて，単なる直感が果たす役割は小さくなり，発生した問題に対する科学的アプローチが要求されている」と述べて，実験的方法を用いた科学的アプローチを流通問題にも応用すべきだと説いている。

このようにしてショーが経営者のために企業経営の基本原理（basic philosophy）を確立しようとした背景を，『アメリカ・マーケティング史概論』の中にある次の一節は端的に物語っている。つまり，「1910年頃の企業の経営といえば，通常自分の腕一本で出生した者であり，自らが育て上げた企業を経営している，すなわち，企業の実質的な所有者であった。彼らはきちんとした教育をほとんど受けておらず，給仕，店員，工場労働者として人生の第一歩を記し，激しい競争を勝ち抜いてきた者たちであった。彼らは主に経験，観察，部下の助言に基づいて意思決定を行い，成功したことを誇りに思っており，自己の地位を守るのに汲々としていた」という事情があったわけである。

他方，企業をとり巻く社会，とりわけ世論や政府規制に目を向けた背景には「企業の規模が小さかった時代には，社会的義務などほとんど問題にされなかった。古典派経済理論によれば，各人が自己にとって最良と思うことを行えば，その結果，社会も最良の状態となる。ところが，企業の規模が大きくなると，企業はその所有者や従業員のためだけに存在するのではなく，社会的義務をも果たさなければならないと考えられるようになった」という社会経済情勢の大きな変化があったといえよう[14]。こうした点については，ショー自身も「企業経営者にとって社会の潮流の深さと方向を見き

わめることが，今日ではこれまで以上に必要になってきたからである」（原著書の39頁）と言明している。

5．ビジネス・スクールとマーケティング

　1890年から1910年くらいまでの間に存在したいわゆる経営貴族の代表にはロックフェラーとかカーネギーの名前が挙げられる。また，1903年にヘンリー・フォードは自動車会社を設立し，8年には有名なT型フォード車を発表したが，フォードはそれまでの巨万の富を手に入れた経営貴族的な経営者とは少し違っていた。流れ作業によって品質の良い車を安く作ることを可能にした経営のプロフェッショナルとしての資質を備えていたからである。

　ちょうどこの頃から，高度に訓練された経営管理のスペシャリストを養成するビジネス・スクールが増え始め，1881年にペンシルベニア大学でウォートン・スクールが創立されたのを皮切りに，1910年頃には12〜13校になり，29年の世界恐慌までに100校を数えるにいたったと伝えられている[15]。しかし，これらは主として4年制大学の学部レベルであって，MBA（Master of Business Administration）の学位を授与する大学院レベルのビジネス・スクール（いわゆる経営大学院）ではなかった。今日の米国においてビジネス・スクールの主流をなす大学院レベルの本格的なビジネス専門教育の草分けは，どうやら1980年に設立されたハーバード大学のビジネス・スクール（いわゆるハーバード・ビジネス・スクール）らしい[16]。

　とはいっても，発足当時の授業内容は本質的には応用経済学的色

彩が強かったようであり，現に次のような指摘さえ見られる。いわく，「アメリカにおける資本主義経済の高度化と企業の大規模複雑化に伴って，ますます多くの専門経営者が必要とされるようになり，その養成のために19世紀の終わり頃から20世紀初めにかけて，経営学の大学や大学院が続々と設立されるようになった。それらのビジネス・スクールで研究され，教授された経営学の内容は種々雑多であって，現場の技師たちの研究をはじめ，経営者の実践に役立つと思われるものは，すべて取り入れていった」と[17]。

　こうした記述からも推測できるように，ビジネス・スクールが米国で誕生した頃はまだ経営学自体の内容が豊富とはいえず，方法論も整理されていなかった。そこで，ハーバード・ビジネス・スクールのゲイ（Gay, E. F.）初代学長は問題解決的な教授法の普及に努めたという。その結果，授業内容はアウトサイダーとして一般的にビジネスをみる立場から，実際に企業の内外に生じている問題に当事者として対処するタイプのものへとしだいに変わっていき，それがケース・メソッドのバックボーンになっていった。ゲイ学長の求めに応じてハーバード・ビジネス・スクールで教鞭をとったショーもまた，この時代を象徴する典型的な実践的経営学者の１人といって差しつかえないであろう。ちなみに，ショーは同スクールで「経営政策（business policy）」の講義を担当しており，マーケティングだけでなく経営問題全般と取り組んできた姿勢がうかがえる[18]。

　こうしてみると，ショーが描いた理想の経営者像とは，究極的にはビジネス・スクールなどで専門的な経営教育を受けて企業の外部環境に戦略的に対応できる人物ではなかったのだろうかと想像され

る。実際，ショーは "college men"（原著書の31頁）という表現を用いているし，「賢人とは世論に遅れないようについていき，国家や地域社会の考え方の変化を見抜き，しかも法の施行や政府機関との間に将来発生する紛糾を避けるように個々の企業の経営慣行を修正していける人物である」（同34〜35頁）と述べている。

6. 企業活動の分類と経営者の戦略的地位

　ショーは企業活動を次頁の付表のように分類している。その特徴は，生産活動における分類法と流通活動の需要創造や物的供給，さらには促進活動にも類似性を考えて応用しようとしている点にある。しかしながら，これらの活動はすべて相互依存の原則と均衡の原則に基づいてコントロールされなければならないことが強調されている。また，1913年に始められた小包郵便制度は物的供給の面で通信販売を促進し，シアーズ・ローバック社が成長するきっかけを作った。一方，前述したように，ショーは企業経営は直感や経験的方法ではなく，テストや実験的方法に基づいて行われるべきことを何回も繰り返し主張している。これなどは1927年からメイヨーやレスリスバーガーを中心に始められ，人間関係論の端緒となった有名なホーソン実験（Hawthorne experiments）を彷彿とさせてくれる。

　加えて，経営学の分野へ「戦略（strategy）」という概念を導入したのは近代組織論の先駆者といわれるバーナード（Barnard, C. I.）とされている[19]。ところが，ショーは第Ⅰ章の第10節で「経営者の戦略的地位（The strategic position of the manager）」と題して，そ

付表：企業活動の分類

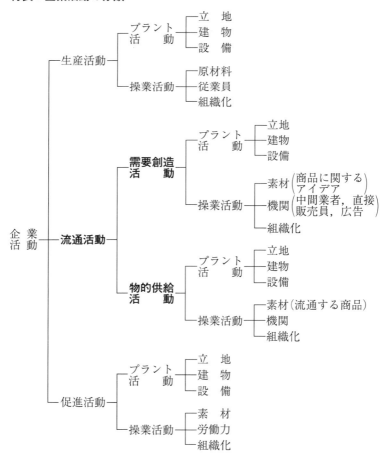

れ以前に戦略という言葉を用いている。それはどの部門の日常業務からも解放されているが，何かの兆候を示す企業活動の重要な細部事項とは接触を保っており，状況が絶えず変化し民間企業に対する社会的コントロールが増大するなかで，経営者が将来の方向性が正しく見定められるよう幅広く自由に物事を考えるために必要なものである。また，専門家としての経営者は自己の特殊な能力に依存してきたので，自己の偏向を修正するために体系的な分析方法や明確な分類体系を持たないと，自己の専門性に頼りすぎて他の必要な機能を無視する嫌いがある，と指摘されている。

このようにショーの『市場流通に関する諸問題』はマーケティングだけでなく，幅広く経営学を歴史的に考察する場合にも非常に多くの示唆を与えてくれる。筆者が同書の翻訳を志したのも，まさにこの点にある。

参考までに，ショーの学説をさらに深く研究しようとする際には，1916年にショーが著した"*AN APPROACH TO BUSINESS PROBLEMS*"（Harvard University Press, republished by Hive Publishing Company, 1977）を一読されることを薦めたい。この文献はショーがハーバード大学のビジネス・スクールで講義した際に使った資料を本にまとめたもので教科書に近いが，それだけにかえってショーの学説の要点が体系的にうまく整理されている。

7．ショーの学説における7つの要点

さて，以下には最後のま と め の前提的考察として『市場流通に関

する諸問題』に示されたショーの学説の要点を7項目に分けて簡潔に説明していきたい[20]。

7-1. ビジネス活動の基本

まず最初に，工場で原材料の加工に従事している工場労働者，店頭で商品の受け渡しをしている店員，それから事務所で書類を作成している事務員などの作業を観察すると，企業活動は実に多種多様にわたっていることがわかる。ショーはこれらの企業活動全般に共通している要素こそが動作（motion）であると考え，ビジネス活動の本質は動作を素材（material）に適用することである，と定義づけた。さらに，これらの動作の目的性に着目して企業活動の機能的分類を試みた結果，動作を目的のあるものと目的のないものとに区分し，後者を排除することによって無駄を省こうとした。目的のない動作は作業の能率を低下させ，経済性を損なうからである。

また，前述した工場労働者，店員および事務員のそれぞれの動作を企業活動における典型例と考え，それらを①生産活動（工場労働者の原材料加工），②流通活動（店員の商品受け渡し），③促進活動（事務員の書類作成）の3つに分類した。ということは，企業活動はいかなる性質を持つものであれ，究極的にはこれらの3つのうちのどれかに該当することになる。しかし，現実にはどの活動も他の活動と密接に関連し影響しあっているので，これらの諸活動の間に相互依存（interdependence）と均衡（balance）を保つことが企業活動全体にわたる基本原則といえる。こうして，大規模化する企業組織のなかで一貫した政策を遂行するためには，相互依存の原則と均衡

の原則を適用して特定の機能を強調しすぎたり，逆に必要な機能を軽視したりすることがないようにすべき点が強調されている。

7－2．需要創造活動

　ショーは動作の目的に基づいて，流通活動を需要創造（demand creation）および物的供給（physical supply）という2つの活動に大きく分類した。このうち需要創造活動は消費者に対して行われるもので，その目的は購買意欲を起こさせるような「商品に関するアイデア（idea about the goods）」を伝達し，消費者の購買行動を普及・継続させることにある。しかし，たとえ需要が喚起されたとしても現実問題として商品が消費者自身の手元へ届けられなければ，その需要は商業的または経済的に価値あるものとはならない。また，需要創造と物的供給のどちらかの活動に重点が置かれすぎて調和を失っても両者の連携はうまくいかず，結局は円滑な流通活動が阻害されることになる。したがって，ここでも相互依存の原則と均衡の原則が適用されなければならない。

　一般に生産活動は有形の原材料を対象とするのに対し，需要創造活動は商品の効用などのような無形のものを対象とすることが多いために，もともと量的に測定しにくい分野といえる。加えて，人間関係の不安定性や市場心理の複雑さなどの諸要因をも考慮に入れなければならないから，客観的な基準を設定することが非常に難しい。それゆえ，従来は経験的方法に頼っていたので販売目標や販売費用の決定基準が不明瞭かつ不統一であり，販売に関しては無駄な努力や無用の支出が多かった。

そこでショーは「商品に関するアイデア」という新しい概念を提唱した。それは需要創造過程における素材を意味し、生産過程における有形の原材料と類推されてもよいほど明確なものであり、客観的な評価や比較分析を行うことができると考えた。こうして、科学的方法に基づく体系的基準を設定することによって、マーケティング・システムの効率化、すなわち最小の努力と支出で最大の需要を創造できるシステムの実現をはかろうとしたのである。

7−3．販売方法

産業社会の初期における販売方法は、売主が買主に現物の商品を見せて行うバルク販売（sale in bulk）が主体であった。その後、市場が拡大するとともに商品の標準化がすすんで見本品販売（sale by sample）が普及したが、この背景には次の2つの現象が指摘されている。その第1は、生産者は見本品と同一の商品を供給するにちがいないという商業倫理が確立されたことであり、第2は機械化によって生産者が同一製品を大量に生産できるようになったことである。

続いて登場したもっとも新しい販売方法が、いわゆる説明書販売（sale by description）である。この販売方法を取り入れるには見本品販売の時よりもさらに高度な商業倫理と生産能力が要求されることに加えて、印刷技術の向上が不可欠となる。説明書販売の特徴は、現物の商品や見本品の代わりに印刷された商品の説明書を見せることによって、商品に関するアイデアを伝達して需要を創造しようとする点にあるからである。また、説明書販売の時代には需要創造活

動と物的供給活動が分離する傾向が強く現れるが，どちらの活動を欠いても流通活動に支障をきたすようになることはいうまでもない。

7－4．販売機関

　流通活動は需要を創造することから始まるといってよく，これを担当する販売機関には①中間業者，②生産者の自己販売員，③広告業者の3種類が挙げられている。

　一般的にバルク販売では中間業者が使われるが，小型の家庭用器具などの場合には自己販売員による訪問販売もしばしば行われる。見本品販売では中間業者または自己販売員を使うことが望ましい場合が多いものの，かさばるものでなければ見本品を郵送するという方法をとることも可能だろう。他方，説明書販売では広告業者を使うのが効果的だが，中間業者を使うこともありうる。特に重機械製品の販売などでは，自己販売員が説明書のほかにカタログや写真などを用いることが多い。

　いずれにせよ，どの販売機関をどのような組合せで使うのがもっとも効果的かは，複雑な問題を提起している。

7－5．流通機構の変遷

　原始的な交換経済の時代から，18世紀から19世紀初頭にかけて複雑に中間業者が介在する時代までの流通機構の歴史的な変遷過程を，ショーは本書の62頁（原著書の70頁）に掲載された図4のように示した。ただし，この図では国内生産品だけが対象となっており，輸入品は除外されている。

まず物々交換が行われていた古代および未開地域の時代には中間業者が存在せず，売買はすべて生産者と消費者との間で直接行われていた。中世の手工業時代になって小規模な市場が町のあちこちに形成されてくると，生産者は小売商も兼ねた生産者的小売商（producer-retailer）になっていった。しかし，市場が拡大してくると，生産者から製品を買ってそれを消費者に売るだけでなく，在庫をもって危険負担の機能をも営む中間業者，すなわち商人的小売商（merchant-retailer）が現われた。また，この時代では生産者である手工業者は生産活動に専念する傾向が強くなり，なかには事実上，商人的小売商の被用者になる者さえでてきた。

近代になって国内市場が確立されてくると，商人的小売商は商人（merchant）と小売商（retailer）に分化していき，商人がまず生産者から製品を買い，小売商がそれを消費者に販売するという中間業者の階層構造が形成されていった。その後，長い期間が経過するうちに生産者は資金力を備えるようになって商人の支配から脱却していき，商人的生産者（merchant-producer）に成長していった。そこでは，商人的生産者が卸売商に製品を販売し，次に卸売商がその製品を小売商に販売し，最後に小売商が一般消費者に販売するという形ができあがっていった。さらに国内市場に加えて海外市場が開拓されてくると，商人的生産者は輸出商にも製品を販売するようになった。

このような流通機構は19世紀の始め頃にもっとも普及し，イギリスの織物工業で典型的に見られたが，ショーはこれを伝統的流通機構（the orthodox type of distribution）と呼んでいる。

7－6．流通経路の短縮化

交換経済から近代工場制度が確立されるまでの流通機構の変遷過程を見ると，中間業者の数がしだいに増加してきているのがわかる。ところが，伝統的流通機構における生産者の立場は，必ずしも有利ではなかった。なぜなら，流通経路が中間業者によって支配されているために価格を自由に変更することができず，生産者は中間業者から圧力を受けて結局は利幅が稼ぎにくくなっていたからである。

そこで，19世紀のアメリカでは，力のある商人的生産者は中間業者を通さずに消費者と直接取引しようとする流通経路短縮化の動きが活発になった。例えば，靴，衣料品，銀製品などの生産者は卸売業者を通さず，直接小売業者に販売し配送も行った。このほかの多くの生産者も中間業者をすべて排除し，通信販売，あるいは特約店や自己販売員などを通して消費者に直接販売しようとした。他方，こうした流通経路短縮化の動きに対して，取扱数量の減少した卸売業者は自社ブランドの開発に注力したり，原材料の供給源や小規模生産者を事実上支配することによって対抗しようとした。また，小売業者による組合結成の動きもあったが，これは共同行為によって取引に圧力をかけることになり，独占禁止法に抵触するため実現しなかった。

このような状況のなかで生産者が考えなければならないのは，特定の分野では中間業者を排除することが生産者自身をもその市場から締め出すことにはならないか，という問題である。具体的にいうと，ブランドやトレード・マーク，あるいは生産者の名声によって差別化のすすんだ専門品であれば，広告や自己販売員を用いて直接

接触したほうが需要を創造しやすく，売上げを最大にするのに効果的である。しかし，品質や価格が標準化された必需品であれば，大量販売に適しているためにそのような必要はなく，中間業者の介在する余地が十分残されている。したがって，生産者の生産する必需品の差別化がすすみ，それが中間業者の自社ブランド商品と競合するようになった場合には，需要創造がもっともやりにくくなるであろう。

7－7．価格政策

ショーは，市場に新規参入しようとする生産者のとる価格政策には①市場価格マイナス（selling at the market minus）政策，②市場価格（selling at the market）政策，③市場価格プラス（selling at the market plus）政策の3つがあると考えた。

最初に市場価格マイナス政策は，同一商品を生産する他の生産者よりも低い価格で販売することによって需要を喚起し，売上げを伸ばそうとする価格政策である。つまり，商品を差別化するのではなく，価格水準を引き下げることによって消費者にアピールするのである。この価格政策によって販売数量が増えれば，生産者は大規模生産によって売上高に占める間接経費や製造原価の割合を低くでき，利益水準を引き上げることができる。例えば市場価格マイナス政策は，百貨店の特売品売場でも採用された。百貨店は必需品の価格を競争相手の百貨店より引き下げることによってお客を引きつけ，販売数量を増やして間接経費の割合を相対的に低くし大量仕入れを可能にした。こうして，百貨店は大量仕入れと大量販売によるスケー

ル・メリットを享受することができた。

　次に市場価格政策であるが，これは商品の価格を他の生産者と同一の市場価格に設定するもので，主として商人的生産者の必需品に適用され，生産活動に重点が置かれていた時代に特徴的に現われた。この価格政策によって商人的生産者が利益を増加させるには2つの方法があった。1つは，工場内の生産システムを改善することによって生産費自体を削減することであり，これは鉄鋼業に典型的に見られた。他の1つは，売上数量を増加させると同時に大規模生産のスケール・メリットによって間接経費の比率を下げることだが，これは当時急成長をとげた織物工業で適用された。もっとも，同一価格の同一商品について売上数量を伸ばすには，例えば仕上げが良いとか，包装がきれいだとか，配達が迅速であるといったような方法で差別化を行い，需要を喚起することが必要となる。

　最後の市場価格プラス政策は，商品価格を需要と供給の関係によって決まる市場価格以上に設定するという，もっとも新しいタイプのものである。ただし，この価格政策をとるためには，生産者であれば品質や包装に改良を加えることにより，また流通業者であればブランドやトレード・マークを付けることによって商品を差別化し，あたかも新商品のように需要を創造できる能力を持っていなければならない。つまり，ある商品の価格が市場価格以上であっても，商品の差別化によって消費者の商品に対する主観的交換価値が市場価格を上回っていれば，いわゆる消費者余剰（consumer's surplus）が発生し，市場価格以上で商品を購入した場合でも消費者は満足することができる。

126

このように消費者余剰という経済理論を援用して，ショーは市場価格プラス政策の有効性を説いた。ちなみに，流通業者がこの価格政策で成功をおさめるためには，商品そのものの差別化に加えて消費者の心理や社会的競争意識などのような，消費者の商品に対する主観的交換価値に影響を及ぼすあらゆる要素を考慮に入れなければならず，マーケティングに関するもっとも高度な知識と技術が要求される。

8．まとめ：マーケティングの胎動期

以上のようにショーは，まず経営学を経済学から独立した学問領域として把握しようと試みた。したがって，消費者余剰などの経済理論を使ってはいるが，これは流通活動に指針を与えるために援用しているにすぎない。同じく，広告活動における浪費という切迫した問題を解決するための実験的方法として，統計学における平均の法則を援用している。しかし，ショーの研究のなかで何よりも注目すべき点は，流通活動において「商品に関するアイデア」の伝達による需要創造活動を重要視したことであり，これがショーをマーケティング研究の先駆者と位置づける根拠にもなっている。

さらにショーは，「生産者による消費者への商品に関するアイデアの直接的な伝達が増加し，それが現在の流通機構に大きな社会的意義のある変革をもたらしている。生産者は消費者の欲求を調査し，自己の製品をそれに適合させなければならない」（本書の72頁，原著書の82頁）と主張し，商品は販売するためというよりも満足させる

ために造られている，と記している。これが現代の顧客満足（CS）の考え方と明らかに軌を一にしている点も注目されてよいのではないだろうか[21]。

ショーが研究対象にしたのは主として19世紀末から20世紀初頭の第1次世界大戦あたりまでだが，この時代の社会経済情勢の変化といった背景も考慮に入れる必要があろう。従来，経営者にとってはより低いコストでより多くの商品を生産することが最大の関心事であった。それでも市場が絶えまなく拡大し続けていたために，販売は相対的に容易な問題と位置づけられていたのである。しかし，ショーの時代になると生産技術の進歩によって大量生産や製品自体の差別化が可能になった。そして，これに呼応するように流通面では伝統的な市場競争原理に基づく価格競争に代わって，ブランド化や広告を主体とする非価格競争が台頭してきた。例えば市場価格プラス政策の普及は，その典型といえよう。

ちなみに，ショーは広告を論じる際に，喚起される需要には次の3つの段階があると指摘している。それは①明確に意識される需要（expressed conscious demand），②明確に意識されない需要（unexpressed conscious demand），および③潜在意識的な需要（subconscious demand）である。通常，販売努力の成果としての直接的な収益は，明確に意識される需要によってもたらされる。しかし，直ちに収益には結びつかないけれども，企業経営者は明確に意識されない需要と潜在意識的な需要をも考慮に入れなければならない。これらの低いレベルの需要は即座に効果は現れないが，その後の販売を容易にするという点で無視できないからである。

128

　一方，ショーが経営者の問題について次のように言及している点は興味深い。いわく，「確かに，人間の欲求がますます複雑になることを遺憾とする人たちもいる。しかし，これは哲学者の問題であって，企業経営者の問題ではない。われわれの文明全体を特徴づけてきたものは，より多くの商品と一層高度に差別化された商品に対する各個人の需要によってもたらされる生活水準の向上にあった」（本書の39頁，原著書の44頁）と。そこで，ショーの時代の流れを象徴するような出来事を最後に記しておきたい。

　前述したように，1908年にヘンリー・フォードは大量生産体制によって標準化したT型車を発表し大成功をおさめた。この時の顧客のほとんどは，まだ特別の選好を持たない一般大衆であった。ところが，それからわずか10数年しか経ていない20年代になるとフォード社の業績は急速に悪化し，後進のゼネラル・モーターズ社に市場を奪われてしまうことになる。なぜなら，この短い期間に所得の階層化がすすみ消費者選好が多様化していったが，フォード社はこれに素早く対応しなかったからである。要するに，それくらいこの時代の市場構造の変化は急激だったといえる。

　このような状況のなかで，ショーは流通の合理性を追求しようとする問題意識を抱いて，まさにマーケティングの胎動期というにふさわしい時代を生きていた。ショーの研究成果を踏まえ本格的なマーケティングの時代が到来するのは，ようやく第2次世界大戦を過ぎてからのことである[22]。

論 説 I　　*129*

〈注記〉

1)　例えば下記の米国で出版されたマーケティングに関する著書のなかには，A. W. ショーに関する記述が見られない。

　　Kotler, Philip & Armstrong, Gary, *Principles of Marketing* (*Thirteenth Edition*), Pearson Prentice Hall, 2010.

　　Kotler, Philip & Lane, Kavin, *Marketing Management* (*Thirteenth Edition*), Prentice Hall, 2009.

　　Kotler, Philip, *According to Kotler*, AMACOM, 2005.

　　Johansson, Johny K., *Global Marketing* (*Fifth Edition*), McGraw-Hill/Irwin, 2009.

2)　荒川祐吉『マーケティング・サイエンスの系譜』千倉書房，1978年，213頁。

3)　『(新版・体系) 経営学辞典』ダイヤモンド社，909頁。

4)　伊藤文雄他著『(テキストブック) 現代商業学』有斐閣，1980年，32頁。

5)　田内幸一・村田昭治編『現代マーケティングの基礎理論』同文舘，1981年，460頁。

　　なお，日本語の書名は『市場配給の若干の問題点』『市場配給の若干問題』『市場流通における諸問題』などのように訳し方が若干異なっていても，ショーの同じ文献であることに相違ない。

6)　光澤滋朗『マーケティング管理発展史』同文舘，1987年，51頁。

7)　小原博『マーケティング生成史論』税務経理協会，1987年，219頁。

8)　マーケティング史研究会編『マーケティング学説史 (アメリカ編)』同文舘，1993年，19頁。

9)　加藤勇夫・寶多國弘・尾崎眞編著『現代のマーケティング論』ナカニシヤ出版，2006年，はじめに (ⅰ)。

10)　Nickels, Williams G., *Marketing Principles*, Prentice-Hall, Inc., 1978, p. 308.

11)　北澤博他編『基本ロジスティクス用語辞典』白桃書房，1997年。

12)　Bartels, Robert, "Development of Marketing Thought : A Brief History," *Science in Marketing*, edited by Schwartzm, George, John Wiley and Sons, Inc., 1965, pp. 47-52.

130

13) Taylor, F. W., *The Principles of Scientific Management*, W. W. Norton & Company, 1911, p. 7.

14) P. D. コンバース著, 梶原勝美訳『アメリカ・マーケティング史概論』白桃書房, 1986年, 36～42頁。

15) 徳山二郎『アメリカのビジネス・スクール』ダイヤモンド社, 1972年, 10頁。

16) 丹下博文『検証・日米ビジネススクール』同文舘, 1992年, 27～30頁。

17) 『新版・体系経営学辞典』ダイヤモンド社, 23頁。

18) 丹下博文, 前掲書, 33～35頁。
マーケティング史研究会編, 前掲書, 5頁。

19) Barnard, C. I., *The Functions of the Executive*, Harvard University Press, 1938, pp. 202-203.

20) 丹下博文「ショーとホールの商業学説」『比較商業学入門』晃洋書房, 1986年, 10～33頁。

21) 顧客満足に関しては『最新・商業辞典』(同文舘, 1995年) のなかに次のような説明が見られる。それは「もともと企業経営の理念がマーケティング志向であれば, 顧客志向によるマーケティングを意思決定の基盤として, 事業ないし企業の存続と成長を図ろうとするから, 顧客満足はマーケティングの当然の目的になる」というものである。こうしてみると, 同書が当時のアメリカ経営学への重要な洞察をも含んでいたことが推察される。

22) 参考までに加藤勇夫他編著, 前掲書の「はじめに」には次のような記述がある。いわく「現代はマーケティングの時代であると強調する人は, マーケティングの研究者や関連者だけではないだろう。マーケティングは20世紀初頭にアメリカで胎動し, 誕生した。……ショーの考え方はマネジリアル・マーケティング論の原型と評価を受けている。しかし, その後, この論が広く展開されるのは, 第2次世界大戦後を待たねばならなかった。その間, マーケティング論が展開されなかったわけではなく, 市場問題と競争形態の変化を背景に構築された。そのことから, マネジリアリ・マーケティング論は戦後の特徴といえる。その後, 展開された戦後のマーケティング論の特徴も, 環境とともに変化し, その特徴を現し, 現在に至っている」と。

論 説 Ⅱ

ロジスティクス・マーケティングの提唱
（A Proposal for Logistics Marketing）

1．はじめに

　本書で翻訳されている『市場流通に関する諸問題（Some Problems in Market Distribution）』を A. W. ショー（Shaw, Arch W.）が1915年に著してから1世紀近くが過ぎた。このまさにマーケティング論の発祥「百周年」と呼べる時期を記念するとともに，それを契機に本稿の目的は「マーケティング・ロジスティクス（marketing logistics）」という従来から唱えられている概念を踏まえ，「ロジスティクス・マーケティング（logistics marketing）」という新しいマーケティングの概念を提唱し，その理論構築をはかる点にある。

　例えば米国において2010年に13版（Thirteenth Edition）が出版された大著『Principles of Marketing（マーケティングの諸原理）』（著者は Kotler, Philip & Armstrong, Gray）では「今日のグローバル化した市場では時々，製品を販売するほうが，販売した製品を顧客のところへ届けるよりも容易な場合がある（In today's global marketplace, selling a product is sometimes easier than getting it to customers)」と 述べたうえで，「ロジスティクスの効果が顧客満足と企業コストの両方に大きな影響力を持つようになった（Logistics effectiveness has a major impact on both customer satisfaction and company costs)」と分析している[1]。そうであれば，ますますグローバル化する21世紀の市場環境のもとでは，ロジスティクスを重視したマーケティングを示唆する「ロジスティクス・マーケティング」のような新しい概念を生み出す必要があるのではないだろうか[2]。

このような問題認識に基づいて，ロジスティクス・マーケティングがロジスティクスを重視した新しいマーケティングの概念として提唱されるとすれば，21世紀に急速に進む情報化の進展，輸送機関の発達，生産能力の拡大，市場や経済のグローバル化などを背景に，マーケティングにロジスティクスを取り入れて再構築した画期的な概念が創出されることになると考えられる[3]。

そこで本稿では初めにロジスティクスの起点となる物流に関する考察を行い，その後で「ロジスティクス・マーケティング」に類似した概念となる「マーケティング・ロジスティクス」に関する海外の優れた先行研究をレビューしていきたい。

2．物流・ロジスティクスから SCM へ

一般に「物流」という概念は，商品や製品などのモノ（物）を生産者のところから消費者やユーザーのところへ流通させるために行われる包装・輸送・保管・荷役（にやく）・流通加工・物流情報シ

ステムなどの諸機能を総体的に指して使われている。しかし近年，情報化とグローバル化の急速な進展だけでなく輸送手段の発達などによって，戦略的な経営管理を示唆する「ロジスティクス（logistics）」として認識されるようになってきた。さらに物流合理化の観点から「サプライチェーン・マネジメント（SCM）」も想定されるであろう。サプライチェーンは「供給連鎖」とも呼ばれ，供給先がメーカーや小売店などと EDI（電子データ交換：Electronic Data Interchange）により情報を共有することを通して在庫削減やリードタイム（lead time）短縮がはかられ，物流が効率化されるからである。

　そもそも物流またはロジスティクスに関する研究はマーケティング研究の一環として発展してきたと言われており，北米で最大のマーケティング協会として有名な AMA（American Marketing Association）の理事会で2007年10月に承認された最新の定義では次のように簡潔に表現されている（邦訳は筆者による）。いわく「マーケティングとは，顧客，パートナー，社会全体に対して価値のある提供物を創造，伝達，配送，交換するための活動，一連の機構およびプロセスである（Marketing is the activity, set of institutions, and processes for creating, communicating, delivering, and exchanging offerings that have value for customers, clients, partners, and society at large）」と。

　この定義は2004年に策定された同じ AMA の定義とそれほど大きく変わっていないものの，'delivering'（配送または配達）という物流を示唆する用語が含まれている点が注目される。物流の発祥については「マーケティング論の父」とか「マーケティング論のパイオ

ニア」と称され，1915年にマーケティングに関する古典的名著と評される『市場流通に関する諸問題』を著したショーの時代までさかのぼることができる。つまり，同著のなかでショーが主として企業経営者の立場から，流通活動を需要創造（demand creation）および物的供給（physical supply）という２つの活動に分類したことから始まるわけである。

　このうち需要創造活動はマーケティング（marketing）へと進化していくのに対し，物的供給から進化した「物的流通」という機能が戦後の1960年代前半に日本に導入され，70年代には物的流通を略した「物流」という日本語として定着することになる。その後，80年代には物流を戦略的な経営管理の一環と捉える「ロジスティクス（logistics）」という概念が使われ始め，90年代は情報化とグローバル化が急速に進展してSCMや3PL（Third Party Logistics：サードパーティ・ロジスティクス）への関心が高まった。こうして製造業におけるグローバルな事業展開，あるいはマーケティングにおける顧客満足や顧客関係を推進するために，物流の進化形としてのロジスティクスが多様化するとともに，3PLやSCMが国内だけでなく国際的な経営戦略の中核に位置づけられるようになっていった。

　一方，米国の大学では1960年代初期からロジスティクスに関する教育が始まったと伝えられているが，ロジスティクスは本来，兵站（へいたん）を意味する軍事用語で，戦場の後方にあって連絡や交通を確保し，軍需物資（武器・弾薬）や食糧などの運搬・補給を行う重要な任務を指していた。それが企業のビジネス活動で使われるようになり，すでに1920年代後半には現在使われているようなビジ

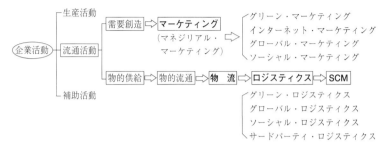

図表 1 流通活動からの変遷過程

ネスにかかわる定義付けが行われていたという。したがって「ビジネス・ロジスティクス（business logistics）」，あるいはロジスティクスの研究がマーケティングに端を発していることから「マーケティング・ロジスティクス（marketing logistics）」とも称され，次のような説明が加えられている。「ビジネスでは，需要創造（demand creation）すなわちマーケティングと，需要遂行（demand fulfilment）すなわちロジスティクスとは，別の機能と捉えられるべきではなく，サプライチェーン・マネジメントのメカニズムを通して統合されるべきである」と[4]。

以上のように企業の流通活動からマーケティングとともに，物流，ロジスティクス，さらに SCM（Supply Chain Management：サプライチェーン・マネジメント）への変遷過程は図表 1 のようになるのではないかと考えられる。

3. 先行研究のレビュー

3－1. Buxton（1975）の研究

　最初にマーケティング・ロジスティクスに関する先行研究として1975年にイギリスで出版された『Effective Marketing Logistics（効果的なマーケティング・ロジスティクス）』（著者は Graham Buxton）[5] の冒頭では，その当時までの時代の変遷過程が以下のように描かれている。

　企業経営における思考の論理的発展の第1段階は産業革命による生産力（production）への集中とその向上，第2段階は資本の集中による資金力または財務力（financial resources）に関心が集まった。続く第3段階ではマーケティングに対する努力（marketing efforts）が注目されるようになった。生産が機械的に順調に行われるようになると，供給不足から需要不足の時代に移行したからである。具体的には1950年代初頭までに，最も先進的なほとんどの工業国では第1段階と第2段階を終えており，多くの国は1930年以前と1945年以後に2度にわたり第1段階を経験した，と。

　Buxton（1975）によれば，企業経営の観点からマーケティングの業務を遂行するには，需要創造（demand creation）と物的供給（physical supply）という2つの目的を達成しなければならない。しかし，後に物流として認識されるようになる物的供給という概念が，企業経営者の間でマーケティングの総体的な業務を遂行するうえで重要であるとの認識が高まったのは1960年代半ばになってからであ

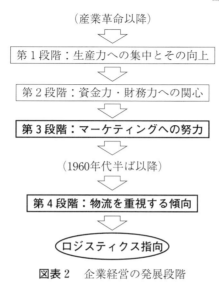

図表2 企業経営の発展段階

る。この企業経営者の関心がモノの効率的な流れや保管に対する認識が高まる第4段階を形成することになり，これがイギリスだけでなく米欧諸国や日本におけるロジスティクス指向の源泉になったと指摘されている（図表2参照）。

　企業経営に対してシステム・アプローチをとった場合，製品の生産から消費までの効率的な移行や保管といった製品の流れ（flow）を表す概念には，最初にビジネス・ロジスティクス（business logistics）が掲げられており，次のように定義されている。それは「原料の調達から最終消費にいたる製品の流れを円滑にする全ての動きや保管，ならびにそれに付随する情報の流れを計画，組織化，コン

トロールすること」である，と。

　他方，マーケティング・ロジスティクス（marketing logistics）は物流システム（PDM：physical distribution management）の同義語と考えられることが多かったようである。少し厳密に表現すれば，物流システムが流通活動における物理的な製品の流れに関係しているのに対し，マーケティング・ロジスティクスは物的な施設に加えて製品の流通における制度的なチャネル（institutional channel of distribution）の選択や管理をも含む点で，物流システムより広義の概念と捉えられている，あるいは制度面から物流業務は一般にチャネル管理（channel management）と称されることすらある，とも指摘されている。

　以上の考察に基づいてマーケティング・ロジスティクスの定義を次のように提案している。それは，生産ラインの最後から市場に完全に届く完成品の流れに関わる全ての移動や保管の作業，ならびに企業と選択された市場との間の取引を調整・遂行するために求められる流通チャネルを分析・計画・組織化し，コントロールすることである，と。

　さらに前述したシステム的な観点からマーケティング・ロジスティクスに関する意思決定は，施設立地（facility location），輸送（transportation），在庫管理（inventory management），コミュニケーション（communication），マテリアル・ハンドリングとパッケージング（material handling and packaging）の５つに分類されている。要するに，システム論では流通チャネル（distribution channel）のなかでの小売業者や卸売業者の個々の機能ではなく，流通チャネルに関

わる生産者や消費者を含む全ての者の間の関連性パターン（pattern of relationships）に重点が置かれなくてはならないわけである[6]。

　なお，マーケティング・ロジスティクス活動を企業における役割の観点から理解するために，在庫の流れ（inventory flow）をビジネス・ロジスティクスのシステムと捉えている。在庫の流れはロジスティクスの動的側面および時間的経過を適切に反映しているからである[7]。ただし，ここで注目したいのは，この場合のビジネス・ロジスティクスは日本で使われている「物流」や「ロジスティクス」の概念，そしてマーケティング・ロジスティクスは「流通」という概念と極めて意味が近いのではないか，と推測される点である。つまり，同書におけるマーケティング・ロジスティクスは流通とほとんど同義語と考えられるのである。

3－2．Christopher & Peck（2003）の研究

　海外における次の先行研究としてレビューしておきたいのが，前書と同じイギリスで約30年後の2003年に第2版が出版された『Marketing Logistics（マーケティング・ロジスティクス）』（著者は Christopher, Martin & Peck, Helen）である[8]。特に1990年代には 3PL（Third Party Logistics）や SCM（Supply Chain Management）が日本に導入されるようなったが，その背景となる時代的な変遷過程が Christopher & Peck（2003）の研究では以下のように描かれている。

　20世紀末になるまでは需要（demand）が供給（supply）を上回る市場があったけれども，その後は供給が需要を上回るのが常態となり，マーケティングの本来の枠組みや原則が大きく変化した。売り

手市場から買い手市場に移行したからである。これにともない伝統的なマーケティング・ミックスとしての製品 (product)，価格 (price)，販売促進 (promotion)，場所または流通チャネル (place) からなる「4 Ps」が見直されることとなった。今日では何をするか (what they do) ではなく，どのようにするか (how they do it) によって企業は競争するようになったという認識が広まり，重要なビジネス・プロセスをどのように管理するかが重要になってきた，と。

このような競争状況の変化によって，より迅速かつ的確に需要を満たすプロセスが市場で成功を収めるうえで必須になる，という見解が注目されるようになった。企業の上流と下流の両方で関連性を管理する手法が重要になり，応答性 (responsiveness)，信頼性 (reliability)，関連性 (relationships) という「3 Rs」が，マーケティング・ロジスティクスという考え方の土台になってきたのである。こうしてマーケティング・ロジスティクスは，顧客サービス (customer service) が競争優位 (competitive advantage) を一段と向上させる方法に焦点を当て，より広範なサプライチェーンのなかでマーケティング活動とロジスティクス活動の共通領域 (interface) の管理を指向するようになっていった。

従来，マーケティングとロジスティクスは多くの企業において別々に取り扱われていたため，両者の関連は充分に理解されておらず，顧客サービスの戦略的重要性も最近まで必ずしも認識されていなかった。ところが市場に商品が増えて顧客が時間とサービスに敏感になるにつれ，マーケティングとロジスティクスの繋がり (marketing and logistics interface) を管理する必要が強まり，両者を収れ

んするうえで①消費者参加（consumer franchaise），②顧客価値（customer value），③サプライチェーン（supply chain）という3つの重要な領域から戦略的に結びつけるモデルを形成しなければならなくなった。

　そこで，企業内において需要創造（demand creation）すなわちマーケティングと，需要遂行（demand fulfilment）すなわちロジスティクスという2つの機能分野を別々にではなく，サプライチェーン・マネジメントのメカニズムを通して包括的に捉えられるようにすべきである，という考え方を追求しようとした。その目的は，顧客や消費者の価値が最も効率的かつ効果的に伝えられる市場指向のサプライチェーン戦略（market-driven supply chain strategy）を創出することにある，と明示されている[9]。

　この根底には，1960年代にマーケティングが支配的となって以後，市場環境が激変したという背景がある。それまで企業は急成長している市場から収穫を得ることができたため，マーケティングに対する努力が成功するうえで主要な推進力になると考えていた。実際，企業の成功は市場の成長に依存していた。ところが競争していた市場が成熟期を迎えたことから顧客を獲得するうえでサービスが決定要因となり，今日の顧客は供給業者から高度な成果，とりわけ配達サービス（delivery service）を求めるようになってきた。

　こうしてロジスティクスの成果（logistics performance）が顧客満足（CS：customer satisfaction）を達成するうえで重要な要因となり，企業の長期的利益（long-term profitability）に結び付くと考えられるようになっていった[10]。

3－3．Kotler & Armstrong（2010）の研究

前述した2つの先行研究ではマーケティングとロジスティクスを融合する概念として「マーケティング・ロジスティクス」が使用されていたが，権威ある著書のなかで同じ用語が用いられ注目される文献として，前述した『Principles of Marketing（マーケティングの諸原理）』[11]の記述をレビューしてみたい。ただし，Kotler & Armstrong（2010）の研究はマーケティングを中核とするアプローチをとっている点が，どちらかと言うと最初からロジスティクス重視のアプローチをとっている前述した他の2つの先行研究とは少し異なるといえよう。

まず同書の第12章「マーケティング・チャネル：顧客価値の伝達（Marketing Channels: Delivering Customer Value）」[12]では，製品やサービスを生産し，それを購買者に入手できるようにするには，顧客だけでなく企業のサプライチェーンのなかで供給業者（suppliers）や転売業者（resellers）とも関係を構築しなければならな，と言及されている。このサプライチェーンは企業の上流および下流（upstream and downstream）のパートナーから構成されており，上流とは製品やサービスを創出するのに必要な原材料，部品，情報，金融，技能を供給する一連の企業を指している。ところがマーケッターは伝統的にサプライチェーンの下流，すなわち顧客の方を向いたマーケティング・チャネル（または流通チャネル：distribution channel）に焦点を当ててきた，と。

さらに同章には「マーケティング・ロジスティクスとサプライチェーン・マネジメント（Marketing Logistics and Supply Chain

> ① サービスや価格面で強力な**競争優位**をもたらす。
> ② 企業および顧客にとって莫大な**コスト削減**になる。
> ③ 爆発的な**製品の多様化**に対応しなければならない。
> ④ 情報技術（IT）を活用して**物流を効率化**できる。
> ⑤ 持続可能性の観点から**環境問題の解決**に結びつく。

図表3 ロジスティクス重視の理由

Management)」という項目があり，マーケティング・ロジスティクスは物流（physical distribution）と同義語と明記されているが，実際には物流より重要で複雑かつ洗練されている（importance, complexity, and sophistication）というコメントが付されている。

　一方，今日，企業がロジスティクスを重視するようになった理由には次の諸点が指摘されている（図表3参照）。その第1は，顧客に優れたサービスの提供や低価格を可能にするロジスティクスの改善が企業に強力な競争優位をもたらす点である。第2は，ロジスティクスの改善が企業と顧客の両方に莫大なコスト削減をもたらす点である。第3は，製品の爆発的な多様化がロジスティクスの改善に対するニーズを創出してきた点である。このような製品の多様化は注文，出荷，保管，コントロールの面で大規模なロジスティクスを必要とする。これらに加えて第4に，情報技術（IT：Information Technology）の進歩によって物流の効率化（distribution efficiency）が推進され，SCMのソフトウェアすら実際に使われるようになった点である。最後の第5に，ロジスティクスは環境に影響をおよぼし，運輸，倉庫，包装などのロジスティクスの機能が環境の持続可

能性（sustainability）という視点から見直されるようになった点である。

さて，企業のなかにはロジスティクスの目標（goals）は最小のコストで最良の顧客サービスを提供することと主張するところがあるけれども，不幸なことに最良の顧客サービスと最小の物流コストの両方を同時に達成できるロジスティクスのシステムは存在しない，と主張されている。なぜなら最良の顧客サービスとは，素早い配達，大量の在庫，柔軟な品揃え（flexible assortments），返品自由などのサービスを示唆し，これらはどれも物流コストを増大させるからである。対照的に最小の物流コストは，遅い配達，少量の在庫，大量の出荷単位（larger shipping lots）を示唆しており，これらは通例，顧客サービスのレベル低下につながるものである。

したがってマーケティング・ロジスティクスの目標は，最小のコストで目標レベル（targeted level）の顧客サービスを提供することとなり，それぞれのセグメント（segment）で望ましいサービスレベルを設定しなければならなくなる。目的は売上げではなく，利益を最大にすること（The objective is to maximize *profit*, not sales）だからである，と[13]。

4．ロジスティクス・マーケティングの枠組み

4－1．マーケティング・ミックスの要素

以上の考察からマーケティング・ロジスティクスという用語は1970年代から使用され，「マーケティング」という名称が冠せられ

ているけれども，実際には「ロジスティクス」に非常に近い意味，あるいはほとんど同義で使用されていた。一般的にもマーケティング・ロジスティクスと言えば，用語の構成上から前部の「マーケティング」よりも後部の「ロジスティクス」に重点が置かれているはずであり，マーケティング・ロジスティクスをロジスティクスの一形態と捉えて不自然はないであろう。ただし，かつてマーケターたち（marketers）は単に「物流」と呼んでいた。しかしながら重要性や複雑性が増大したことを契機に，マーケティング・ロジスティクスやSCM（サプライチェーン・マネジメント）を意味するようになったという。

　例えばKotler & Armstrong（2010）では，マーケティング・ロジスティクスは物流（physical distribution）を意味し，「利益を得て顧客の要求に応えるために生産地点から消費地点まで，財，サービス，および関連情報の物理的な流れを計画，実施，コントロールすること（Planning, implementing, and controlling the physical flow of materials, final goods, and related information from points of origin to points of consumption to meet customer requirements at a profit)」と定義づけている。簡潔に言えば，正しい時間に，正しい場所で，正しい顧客に，正しい製品を届けること（getting the right product to the right customer in the right place at the right time）を指しており，これらの要素をまとめると図表4のようにロジスティクス・ミックスの「4R」として提示できるのではないだろうか[14]。

　他方，マーケティングとロジスティクスの機能を考えると，最初にマーケティング活動によって商品を販売し，その後に販売した商

図表4 ロジスティクス・ミックスの要素

品を顧客に届けるロジスティクスの問題が発生するのが通常であることから，マーケティングはロジスティクスより機能面で先行性があるといえよう。しかしながら最近，市場が急拡大しているインターネットやテレビを利用した通信販売，あるいは家電や家具などのように手で持って帰れない大型の商品や重量物を店頭で購入する場合は，顧客のところへ届ける配達サービスを行うロジスティクスの機能が，販売活動を行うマーケティングの機能に大きな影響を与えるであろう。見方を変えれば，顧客は品質や価格などが同じであれば，配達サービスに優れた販売先から購入しようと考えるのが合理的である。

こうした観点に立って，本稿ではロジスティクスを重視したマーケティングを示唆する「ロジスティクス・マーケティング」という新しい概念の提唱を試みたいわけである。ところが従来はマーケティングとロジスティクスは別の分野の概念と認識されていた傾向が強く現れ，マーケティングとロジスティクスを概念的に融合した「マーケティング・ロジスティクス」という用語は使用されていたものの，「マーケティング」と「ロジスティクス」の順番を逆にした「ロジスティクス・マーケティング」という用語は学術的にはこ

れまでほとんど使用されてこなかった。

　そこで研究対象として浮上してくるのが，ロジスティクス・マーケティングという概念の枠組みをどのように構築するのか，という問題である。例えば伝統的なマーケティング・ミックスの「4 Ps」すなわち「4 P」を想定すると，このなかでロジスティクスは「Place（場所または流通チャネル）」に最も近い概念と推測されるので，ここからはマーケティング・ミックスの観点から検討を加えていきたい。

　マーケティング研究に関しては現在のところ最も信頼性が高く世界的に普及していると言っても恐らく過言ではない Kotler & Armstrong（2010）によれば，現代のマーケティングにおける主要概念の一つで，マーケティング戦略を遂行するうえで必須なマーケティング・ミックス（marketing mix）とは，一連の制御可能で戦術的なマーケティングのツール（the set of controllable tactical marketing tools）であり，標的となる顧客（target customers）および意図されたポジショニング（intended positioning）の両方に向けて図表 5 のように分類されている。なお，この場合のポジショニングは「ある製品が，標的となる消費者の頭のなかに競合製品と比べて明確に望ましい位置を占めるよう調整すること（arranging for a product to occupy a clear, distinctive, and desirable place relative to competing products in the minds of target consumers）」を表しており，マーケティング・ミックスは標的市場で強いポジショニングを確立するために構築される企業の戦術的な一連のツールと捉えられている[15]。

図表 5 マーケティング・ミックスの要素

資料：Kotler, Philip & Armstrong, Gary, *Principles of Marketing* (Thirteenth Edition), Pearson Education Inc., 2010, p. 76.

4－2．チャネルとロジスティクス

図表 5 のなかの「場所」の要素に含まれているロジスティクスは，

Kotler & Armstrong（2010）においてはマーケティング・ロジスティクスと同じと見なすことができ，それゆえに物流ともほとんど同義と考えてよいであろう。そうであれば品揃え，在庫，輸送などは物流やロジスティクスの機能に含まれるので，「場所」を「ロジスティクス」に置き換えることができないだろうか，と考察した場合に問題として残るのが，「チャネル」をどのように捉えるかという点である。

　これに関して Kotler & Armstrong（2010）では，製品を最終的なユーザーに直接販売している生産者はほとんどおらず，市場へは中間業者（intermediaries）を通している生産者が多いと前置きしたうえで，「マーケティング・チャネル（marketing channel）」は「配達チャネル（distribution channel）」と同じであり，それは「製品やサービスが消費者や企業ユーザーによって消費または使用に供されることを促進する，相互に独立した諸組織の集合体（a set of inderdependent organizations that help make a product or service available for use or consumption by the consumer or business user）」と定義づけている。

　さらにマーケティング・チャネルは価値伝達ネットワークの下流側（downstream side）にあると記されているが，この場合の価値伝達ネットワーク（value delivery network）とは「顧客価値を伝達する全体のシステムの遂行を促進するために，相互に協力しあう企業，供給業者，配達業者および最終消費者によって形成されるネットワーク（the network made up of the company, suppliers, distributors, and ultimately customers who "partner" with each other to improve the

製品（品質，デザイン，ブランドなど）

価格（表示価格，割引，信用条件など）

4P

販売促進（広告，個人的販売，広報など）

場所（チャネルやロジスティクスなど）

⇩

［価値伝達システム］

⇩

SCM

図表6 新しいマーケティング・ミックスの要素

performance of the entire system in delivering customer value)」と説明
されている。ちなみに SCM（サプライチェーン・マネジメント）は
「供給業者，企業，転売業者，最終消費者の間で，モノ，最終製品，
関連情報が付加価値をともなって上流および下流へと流れるのを管
理すること（Managing upstream and downstream value-added flows of
materials, final goods, and related information among suppliers, the com-
pany, resellers, and final consumers)」と説明されている。また，サプ
ライチェーンのマネジメントには顧客中心の考え方（customer-cen-
tered thinking）が求められ，顧客価値伝達システム（customer value
delivery system）とも呼ばれていると記されている[16]。

　したがってチャネルは物流やロジスティクス，あるいは SCM と
価値伝達のネットワークまたはシステムとしてロジスティクスのな
かに包含することができ，図表6のように最終的には SCM に収れ

んされていく新しいマーケティング・ミックスが想定できるのではないかと考えられるわけである。しかし，もともと「4P」は生産者または売り手の側に立った「プロダクトアウト（product-out）」の考え方に立脚していると言われているが，上述したようにKotler & Armstrong（2010）では顧客または買い手の側に立った「マーケットイン（market-in）」の考え方が重視されており，「4P」自体が疑問視されてしかるべきであろう。

そこで注目されるのが，顧客価値や顧客関係が着目される時代にあって，買い手側の観点からマーケティング・ミックスを「4C」とする案である。これは「4P」がマーケティングのタイプとしては伝統的な「セグメントされたマーケティング（Segmented Marketing）」を基盤としているのに対し，「4C」は個別にカスタマイズすることによって差別化をはかる最も新しいタイプの「個別化されたマーケティング（Individualized Marketing）」を基盤にしていると指摘されている。ちなみに「4C」の要素には「顧客の問題解決（Customer solution）」「消費者のコスト（Cost）」「買い手の便利さ（Convenience）」「双方向のコミュニケーション（Communication）」の4つが掲げられている[17]。

実際のところ，Kotler & Armstrong（2010）は「4C」に関して次のように言及している。つまり，マーケターは製品を売る反面，顧客は価値（value）を購入して問題の解決をはかろうとする。そして顧客は価格以外にも，入手，使用，廃棄などに要するコストを全て含めた総合的なコストに関心を抱く。さらに顧客は製品やサービスをを出来る限り便利に（conveniently）得たいと願うようになる。最

```
         ┌  顧客の問題解決（Customer solution）
         │     ⇒ 製品の価値を購入して問題の解決をはかる
         │
         │  消費者のコスト（Cost）
         │     ⇒ 価格のほかに使用や廃棄などのコストを含める
  (4 C) ─┤
         │  買い手の便利さ（Convenience）
         │     ⇒ 早く正確に届けるロジスティクスを重視する
         │
         │  双方向のコミュニケーション（Communication）
         └     ⇒ 広告活動や広報活動をカスタマイズする
```

図表7 ロジスティクス・マーケティングの「4C」

図表8 新しいマーケティング概念の創出

後に顧客は双方向のコミュニケーションを欲する，と[18]。

　結局，ロジスティクス・マーケティングの枠組みの中核となり，その戦略を遂行するうえで必須となるマーケティング・ミックスには図表7のような「4C」が適合するのではないかと考えられる。ただし，この場合にも基本的には「4P」の要素が対応し，「買い手の便利さ」のところでは，早く正確に製品を届けるサービスが必要不可欠になるという観点から「ロジスティクス」が重視される。

こうして最終的にはマーケティングを再構築し，図表 8 に提示されるようなロジスティクスを重視する「ロジスティクス・マーケティング」という新しいマーケティングの概念が創出されると結論づけられる。

5．まとめ

本稿を締めくくるに当たり，最近の興味深い外国文献を紹介し，今後の研究を続ける参考にしたい。それは2009年に米国で出版された『Chaotics: The Business of Managing and Marketing in the Age of Turbulence（混沌：激震の時代の経営とマーケティングのビジネス)』（著者は Kotler, Philip & Caslione, John A.）で，この第 1 章において「繁栄は偉大な教師であるが，逆境はさらに偉大な教師である（Prosperity is a great teacher, adversity a greater)」という言質を引用し，以下のように2008年の秋に勃発したリーマン・ショックに端を発する金融危機後の混沌とした経済情勢を語っている。

いわく「世界は新しい経済の段階に入った。諸国家の経済は密接に繋がり相互に依存しあっている。商売はインターネットや携帯電話を通して光のようなスピードで伝わる情報によって行われる。この新たな段階はコスト削減をもたらすとともに財やサービスの生産や配送をスピードアップするという素晴らしい便益をもたらす。しかしながら同時にマイナス面として，生産者や消費者が直面するリスクや不確実性のレベルが非常に高まる」と。その重要な要因として，①技術発展と情報革命，②破壊的なほどの技術革新，③米欧先

進諸国以外の国の台頭，④過度な競争，⑤国家レベルの豊富な資金，⑥環境問題のリスク，⑦買い手となる顧客主導，という7項目が示されている[19]。

さらに日本では2011年3月11日に東日本大震災が発生し，予想外の大災害に生産活動とともに物流活動が停滞して経済活動全体に大きな支障をきたすという厳しい現実に遭遇することとなった。また，国際的には同年秋にタイで発生した大洪水によって多くの日系企業が生産・物流面で甚大な被害を受けた。この種の予測不可能な自然災害に対しては，将来的に「リスク・マーケティング（risk marketing）」といったような新しいマーケティングの分野が誕生するかもしれない。

いずれにせよ，世界の経済や市場が激変している時代を背景に，マーケティングの分野においても過去と同じ考え方や手法，あるいは戦略に依存することができなくなってきている。このような情勢下において，本稿では学術的な観点からロジスティクスとマーケティングを概念的に融合することによって，ロジスティクスを重視した「ロジスティクス・マーケティング」という新しいタイプのマーケティングの提唱を試みた。

しかしながら，ロジスティクスに関しては20世紀末に日本で「物流を制するものは企業，そして社会を制する（Those who control physical distribution dominate corporations and finally society at large）」と主張され，21世紀は「マーケティングからロジスティクスの時代へ（The marketing era is evolving into the logistics era）」と唱えられるほど時代の潮流が大きく変化しつつある[20]。実際のところ，かつ

てマーケティングの補助的な役割としてしか理解されていなかった「物流」が，情報化やグローバル化を背景に企業間競争の激化とともに顧客満足（CS）や顧客関係（CR）を実現する経営戦略の一環となる「ロジスティクス」として認識されるようになり，さらに21世紀の今日では顧客の観点に立った価値を伝達するネットワークまたはシステムとして SCM に進化しようとしている。

　一方，マーケティングも20世紀末にグリーン・マーケティング，インターネット・マーケティング，ソーシャル・マーケティング，さらにグローバル・マーケティングなどが次々と打ち出されたものの，伝統的なマーケティングに対しては批判が少なからずある。例えばマーケティング・ミックスの「4P」については，製品だけでサービスが対象になっていないのではないか，という疑問が提起されている。これに対しては，銀行業，航空業，小売業などにおけるサービスも製品に相当し，サービス製品（service products）という製品と呼べるのではないか，と反論されている。また，パッケージング（包装）に対してもマーケターは，多くの製品にかかわる決定事項の一つに含まれるにすぎない，と応えるかもしれないが，パッケージングは物流機能としても捉えられている[21]。

　以上のように考察してくると，海外の先行研究を踏まえたロジスティクス・マーケティングという新しい概念の提唱は非常に画期的かつ独創的なことだけに，本稿で提示した枠組みなどに対しては学術面からの研究がさらに必要であり，本稿で検討がおよばなかった点に関しては今後の研究課題としたい。

156

〈注記〉

1) Kotler, Philip & Armstrong, Gary, *Principles of Marketing* (*Thirteenth Edition*), Pearson Education Inc., 2010, p. 380.

2) 参考までに，インターネットの日本語サイトでは，ロジスティクス・マーケティングという用語がすでに使われているけれども，基本的に運輸業界におけるサービス・マーケティングと捉えられており，この点で同じロジスティクス・マーケティングという用語が使われていたとしても，マーケティングとロジスティクスの概念的融合を念頭において本稿で提唱を試みるロジスティクス・マーケティングとは観点が異なるといえよう。さらにインターネットの海外サイトを調べてみても，マーケティング・ロジスティクスという用語はかなり使用されている反面，ロジスティクス・マーケティングという用語は社名の一部やコンサルタントの肩書きなどで使われているのが散見される程度で，学術的な観点からの本格的な研究は未だ行われていないようである。

3) 参考までに，本稿の研究内容な主に以下の4つの拙稿（論文）における考察に基づいている。

丹下博文「SCM に関する国際経営的視点からの研究」『マネジメント・ジャーナル第2号』神奈川大学国際経営研究所，2010年。

丹下博文「ロジスティクス・マーケティングの提唱」愛知学院大学経営管理研究所紀要（第17号），2010年。

丹下博文「ロジスティクスとマーケティングの概念的融合に関する研究」愛知学院大学経営管理研究所紀要（第16号），2009年。

丹下博文「物流の変遷に関する国際経営的視点からの考察」愛知学院大学経営管理研究所紀要（第15号），2008年。

4) Christopher, Martin & Peck, Helen, *Marketing Logistics* (*Second Edition*), Butterworth-Heinemann, 2003, Preface & pp. 1-3.

念のために本稿では SCM とサプライチェーン・マネジメントは全く同一の概念として使用している。

5) Buxton, Graham, *Effective Marketing Logistics*, The Macmillan Press Ltd., 1975.

6) Buxton, *op. cit.*, pp. 3-6.

論説 II　*157*

7)　*Ibid.,* pp. 15-18.

8)　Christopher & Peck, *op. cit.*
なお，同書の初版は1997年に出版されている。

9)　*Ibid.,* Preface.

10)　*Ibid.,* p. 32.

11)　Kotler & Armstrong, *op. cit.*

12)　*Ibid.,* pp. 360-387.

13)　*Ibid.,* pp. 379-380.

14)　*Ibid.,* p. 380.

15)　*Ibid.,* pp. 73-76.
参考までに，図表 5 の価格にある「手当（allowances）」とは，特定の製品の販売を促進するために生産者が小売業者に支払う販売促進費を指している。

16)　*Ibid.,* pp. 362-363 & pp. 380-381.

17)　丹下博文『企業経営のグローバル化研究〈第 2 版〉』中央経済社，2010年，216〜218頁。
ただし，Kotler & Armstrong, *op. cit.* では「4 C」のなかの 'Cost' のところが 'Customer Cost' と記されているが，内容的には同じである。

18)　Kotler & Armstrong, *op. cit.* p. 77.

19)　Kotler, Philip & Caslione, John A., *Chaotics:The Business of Managing and Marketing in the Age of Turbulence*, AMACOM, 2009, pp. 5-42.

20)　丹下博文『企業経営のグローバル化研究〈第 2 版〉』前掲，286〜287頁。

21)　Kotler & Armstrong, *op. cit.* p. 77.
参考までに物流やロジスティクスの定義に関しては，JIS（日本工業規格）の物流用語（Z 0111：2006，2010 確認）において次のように示されている。最初に物流（physical distribution）は「物資を供給者から需要者へ，時間的及び空間的に移動する過程の活動。一般的には，包装，輸送，保管，荷役，流通加工及びそれらに関連する情報の諸機能を総合的に管理する活動。調達物流，生産物流，販売物流，回収物流（静脈物流），消費者物流など，対象領域を特定して呼ぶこともある」と記され，物流機能には包装，輸送，保管，荷役（にやく），流通加工，物流情報システム

の 6 項目が掲げられている。他方，ロジスティクス（logistics）は「物流の諸機能を高度化し，調達，生産，販売，回収などの分野を統合して，需要と供給との適正化を図るとともに顧客満足を向上させ，併せて環境保全，安全対策などをはじめとした社会的課題への対応を目指す戦略的な経営管理」と定義されている。

論 説 Ⅲ

マーケティング論の新たな展開
（New Development of the Marketing Theory）

1. はじめに

　1915年に「マーケティング論の父」と称される A. W. ショー（Arch W. Shaw）が，流通活動を需要創造と物的供給に分類しマーケティング論の端緒を開いた名著『市場流通に関する諸問題（Some Problems in Market Distribution）』を米国で上梓してから 1 世紀以上が経過した。そこで本論説の主要な目的はマーケティング論の発祥「百周年」を記念し，21世紀の今日，米国の経営学者で現代におけるマーケティング研究の第一人者と評され「現代マーケティングの父（the father of modern marketing）」とも称されるフィリップ・コトラー（Philip Kotler）の主要著書をもとにマーケティング論の新たな展開を考察する点にある。このことが流通の新しい形態と呼べるインターネット通信販売の急拡大を背景に，物流を重視する新しい「ロジスティクス・マーケティング（Logistics Marketing）」の理論構築や応用研究，さらにその普及と発展に貢献

160

すると確信されるからである[1]。

　参考までに米国におけるマーケターたち（marketers）の主要な団体として著名なＡＭＡ（The American Marketing Association: アメリカ・マーケティング協会）の理事会で2013年7月に承認された「マーケティング（Marketing）」の新しい定義は次のように表現されている。「マーケティングとは，顧客，取引先，協力者，または社会全体に対して価値のある提供物を創造，伝達，配送，交換するための活動，一連の機構およびプロセスである（Marketing is the activity, set of institutions, and processes for creating, communicating, delivering, and exchanging offerings that have value for customers, clients, partners, and society at large)」と[2]。この定義は07年に承認されたものと同一であるだけでなく，04年に改訂されたＡＭＡの定義ともそれほど大きく変わっていないものの，提供物の 'delivering'（配送または配達）という物流やロジスティクスを示唆する用語が含まれている動向が注目される[3]。

　なお，本稿における英文の日本語訳はすべて本稿の筆者によるものであることを，最初にお断りしておきたい。

2．「マーケティング」とは何か

2－1．現代におけるマーケティングの意義

　現代におけるマーケティングの基本的な概念と実務について論じた Kotler ＆ Armstrong（2016）の『Principles of Marketing (Sixteenth Edition)』によれば，マーケティングを考察する際の前

提として次のような記述が見られる[4]。今日の成功した企業には1つの共通点がある。例えばインターネット通信販売またはネットショッピングを行う EC（Electronic Commerce：電子商取引）の分野で世界最大手に成長したアマゾン（Amazon）は，顧客指向が強くマーケティングに深く依存している。つまり，限定された標的市場において顧客のニーズを理解し満足させることに熱心である，という認識を共有している。別言すれば，価値創造に基づいて持続的な顧客関係が築けるよう組織内の全員を動機づけている。

　この場合の顧客関係（customer relationships）と価値（value）は今日において特に重要である。劇的な技術の進歩とともに多くの経済的，社会的および環境的な挑戦に直面し，今日の顧客は企業および顧客相互にデジタルに繋がり，注意深く消費し，どのようにブランドに取り組むかを評価し直しつつある。新しいデジタル，モービル，ソーシャルなメディアの発展が顧客の購入方法と情報交流の仕方に変革を生じさせ，新しいマーケティングの戦略や戦術が求められるようになってきた。このように急速に変化する現代では，現実的で持続性のある顧客価値（customer value）を基盤とする強い顧客関係を構築することが，これまで以上に重要になっている。

　それではマーケティングとは何であろうか。最初にマーケティングは他のどのビジネス機能よりも顧客に関係しており，恐らく最も簡単な定義は「マーケティングは顧客に向き合い，有益な顧客関係を管理運営することである（Marketing is engaging customers and managing profitable customer relationships）」と。そのうえでマーケティングの2つの要素は，第1に一層高い価値を約束して顧客を引

き付けることにあり，第2に満足を提供して顧客を維持するとともに増加させることにある。その好例として世界最大のファストフード・チェーンであるマクドナルド，世界最大の小売チェーンであるウォルマート，インターネット上のソーシャル・ネットワーキング・サービス（SNS）を提供するフェイスブックなどがある。

　健全なマーケティング（sound marketing）は，あらゆる組織の成功にとって必須であり，この点は営利を目的とするグーグル，ターゲット，P＆G（プロクター・アンド・ギャンブル），コカコーラ，そしてマイクロソフトなどの大企業だけでなく，大学，病院，博物館，交響楽団，さらに教会のような非営利組織ですら同じである。実際にも家庭，学校，職場，娯楽場など，ほとんどの場所でマーケティングを見ることになるが，マーケティングには顧客の普段の目には映らない多くの部分が含まれている。その背後には，人々の巨大なネットワーク，優れた技術，注意や購買を引き出すための競争があるからである。

　こうして現代のマーケターたちはウェブサイトやオンライン・ビデオなどのあらゆるものから新しいマーケティングのアプローチを組み立て，大衆に向けてメッセージを直接的，個人的，双方向的（directly, personally, and interactively）に発信して生活の一部となり，ブランド（brands）によって経験（experiences）を豊かにすることを通してブランドを活かしたいと考えている。要するに，この点にこそ現代におけるマーケティングの意義があると推測されるわけである。

２－２．マーケティングの定義とプロセス

AMA によるマーケティングの定義は上述したとおりであるが，Kotler & Armstrong（2016）の研究によれば，マーケティングは販売と広告（selling and advertising）だけと考えられることが多いけれども，販売と広告はマーケティングの一部にすぎず，現代のマーケティングは伝統的な販売という観点ではなく顧客のニーズを満足させる（satisfying cutomer needs）という新しい観点から理解されなければならない，と指摘されている。

そのうえで広義には「マーケティングは個人または組織が他の個人や組織と価値を創造し交換することによって，求めているものを入手する社会的および経営的なプロセス（social and managerial process）である」と定義している。また，狭義ではビジネス的な状況下で「マーケティングは顧客と利益や価値のある交換関係（profitable, value-laden exchange relationships）を構築することに携わっている」と表している。こうして最終的にマーケティングとは「企業が顧客から見返りとして価値を獲得するために顧客に対して価値を創造し，強い顧客関係を構築するプロセス（The process by which companies create value for customers and build strong customer relationships in order to capture value from customers in return)」と定義づけている[5]。

一方，マーケティングの骨格となって顧客の価値を創造し獲得するマーケティング・プロセス（The Marketing Process: Creating and Capturing Customer Value）は図表１のように５段階に分類されている[6]。最初の第１段階として，マーケターは市場および顧客の

```
┌─────────────────────────────────────────┐
│   市場および顧客のニーズと欲求を把握   │
└─────────────────────────────────────────┘
                    ⇩
┌─────────────────────────────────────────┐
│   顧客価値指向のマーケティング戦略を策定   │
└─────────────────────────────────────────┘
                    ⇩
┌─────────────────────────────────────────────┐
│ 優れた価値を提供する統合的マーケティング・プログラムを作成 │
└─────────────────────────────────────────────┘
                    ⇩
┌─────────────────────────────────────────┐
│ 有益な関係を構築し顧客に喜び（delight）を創出 │
└─────────────────────────────────────────┘
- - - - - - - - - - - ⇩ - - - - - - - - - - -
┌─────────────────────────────────────────────┐
│ 利益および顧客の資産を創造して顧客から見返りに価値を獲得 │
└─────────────────────────────────────────────┘
```

図表 1 マーケティング・プロセス

出典：Philip Kotler & Gary Armstrong, *Principles of Marketing (Sixteenth Edition)*, Pearson Education Limited, 2016, p. 31.

ニーズと欲求を把握しなければならないが，この場合に使われる概念には①ニーズ，欲求，需要，②市場提供物（製品，サービス，経験），③価値と満足，④交換と関係，⑤市場という5項目が掲げられている。

このなかの最も基礎的な概念は人間のニーズ（human needs）であり，これは欠乏を感じる状態を指し，衣食住や安全などに対する物理的なニーズだけでなく，知識や自己表現などの社会的なニーズも含まれる。続いて欲求（wants）はニーズを満たすために文化的または個人的に必要なもの―例えば食べ物へのニーズを満たすには飲み物への欲求も伴うであろう―を含み，これが購買力（buying power）を伴うと需要（demands）になる。次に市場提供物とは，ニーズや欲求を満たすために市場に提供される製品，サービス，情報，経験を組み合わせたもので，顧客は価値と満足（value and satisfaction）を期待できる市場提供物（market offerings）を購入することになる。交換は欲しい物やサービスを提供者から入手する行為で，そこに市場（markets）が形成される。マーケティングは交換関係（exchange relationships）によってニーズや欲求を満たそうと決めた際に発生し，その結果として市場が製品やサービスの実際の購買者および潜在的な購買者の全てから構成されることになる。

3．マーケティング管理に関する課題

マーケティングは利益のある顧客関係を構築するために市場を管理運営することを意味し，このためマーケティング管理（marketing management）とは「標的市場（target market）を選択し，顧客と利益のある関係（profitable relationships）を構築する技術または科学」と考えられている。したがって，マーケティング管理とは顧客価値指向のマーケティング戦略を策定することを指し，これは図表1に示したマーケティング・プロセスの第2段階に該当する。

マーケティング管理者（marketing manager）は勝利をもたらすマーケティング戦略を作成するために次の2つの重要問題に取り組まなければならない。その第1は，どの顧客に仕えるのか，すなわち標的市場をどこにするのか（what's our target market?）という問題である。第2は，どのように顧客に仕えるのか，すなわちどのような価値提案をするのか（what's our value proposition?）という問題である。

第1の標的市場の問題については，最初に顧客を区分することに

よって市場細分化（market segmentation）を実施しなければならない。その際にマーケティング管理はできる限り多くの顧客を獲得し需要を増加させることと考える人がいるけれども，マーケティング管理者はいかなる方法によっても全ての顧客に仕えることが不可能であることを理解している。あらゆる顧客に対応しようとすれば，どの顧客にも十分に対応できないからである。そこで企業は十分に対応でき，しかも利益をもたらしてくれる顧客を選別したい。こうしてマーケティング管理は顧客管理（customer management）と需要管理（demand management）の2つに大別することができる。

　続いて企業は標的とする顧客に仕える方法，すなわち市場において差別化を図り自身のポジション（position）を決めなければならない。ブランドの価値提案とは顧客のニーズを満たすために提供すると約束した恩恵や価値（benefits or values）の組み合わせとなるが，こうした価値提案はブランドごとに差別化される（differentiate）ことになる。企業は顧客が競争相手（competitor）のブランドではなく自社のブランドを選択したほうが良い理由を示さなければならない。したがって，企業は標的市場において顧客に最大の優位性（advantage）を与える強い価値提案を策定しなければならないわけである。

　こうしてマーケティング管理では標的とする顧客に向き合い有益な顧客関係を構築するマーケティング戦略（marketing strategy）を策定することとなり，その際に戦略を導く理念（philosophy）が必要になってくる。この場合に顧客，企業組織，そして社会の利害関係にどの程度のウエートを置くかが課題となるけれども，実際には

図表2 社会的マーケティングのコンセプトの考慮事項

出典：Philip Kotler & Gary Armstrong, *Principles of Marketing (Sixteenth Edition)*, *op. cit.*, p. 36.

利害関係の対立することが多い。しかし，そこにこそ企業が意思決定をする際に顧客の欲求，企業の要望，顧客の長期的利害関係，および社会の長期的利害関係を考慮しなければならない社会的マーケティングのコンセプト（societal marketing concept）が求められる背景がある。

特に社会的マーケティングのコンセプトは，純粋なマーケティングのコンセプトが消費者（consumers）の短期的欲求と長期的恩恵（long-term welfare）が一致しない可能性がある点を問題視している。当面のニーズと標的市場の欲求を満たすことが，常に消費者の長期的利益にとって最善であるとは限らないからである。つまり，このコンセプトは基礎となる企業にとっての3つの考慮事項を①社会という人類の幸福（Human welfare），②消費者の欲求の満足（Want satisfaction），③企業の利益（Profits）として図表2に示したように，消費者と社会との双方の福利（well-being）を維持・向上させる方法で消費者に価値を提供するマーケティング戦略に基づいており，結局は社会や環境に対して責任を負う持続可能なマーケティング（sustainable marketing）を指向している[7]。

4．マーケティングにかかわる情勢変化

20世紀初頭にA. W. ショーによってマーケティングの端緒が開かれてから約1世紀が経過したが，21世紀の今日におけるマーケティングに関する情勢変化をKotler ＆ Armstrong（2016）は図表3に列記したような5点に集約して論じている。マーケティングは空白地帯のようなところでは起こらない（Marketing doesn't take place in a vacuum）からである。こうした劇的ともいえる急速な変化は市場（marketplace）で毎日起こっており，マーケティング戦略をチャレンジングなものにしている。それゆえ変化できる能力（ability to change）こそが競争優位（competitive advantage）をもたらすと考

1．デジタル時代の到来 ⇒ ソーシャル・メディアの効果を活用
2．経済を取り巻く状況の変化 ⇒ 節約指向による消費行動の変化
3．非営利マーケティングの発展 ⇒ 非営利組織や政府機関への応用
4．急速に進むグローバル化 ⇒ 全ての企業がグローバル競争に直面
5．倫理と社会的責任の重視 ⇒ 持続可能性と長期的利害関係の重視

図表3　マーケティングに関する21世紀の情勢変化

えられている[8]。

その第1に掲げられているのがデジタル時代の到来であり，ほどんどの消費者はデジタル（digital）なものに取り巻かれている。こうした情勢変化がオンライン・マーケティング，モバイル（mobile）・マーケティング，あるいはソーシャル・メディア・マーケティングと呼べるマーケティングの新しい形態が誕生する背景となっている。事実，デジタル技術の急速な進歩が私たちの生活に根本的な変化をもたらし，世界人口の40％に相当する30億人がオンラインで結ばれていると推測されている。また，米国人の成人の半数近くがスマートフォン（スマホ）を所有し，この半数がスマートフォンなどのモバイル機器を利用してオンラインのコミュニティを形成するフェイスブック（Facebook），ツイッター（Twitter），ユーチューブ（YouTube）などのソーシャル・メディア（social media）にアクセスし，その数は増え続けている。

なお，米国のマスコミでソーシャル・メディアという用語が頻繁に使用されている反面，専門的にはデジタル・アンド・ソーシャル・メディア・マーケティング（Digital and social media marketing）という用語が登場し次のよう説明されている。このマーケティングは「デジタル機器を通して消費者といつでもどこでも接触できるウェブ・サイト，ソーシャル・メディア，モバイルなアプリと広告，オンライン・ビデオ，e-メール，ブログなどのデジタル・マーケティングの手法を用いる（Using digital marketing tools such as Web sites, social media, mobile apps and ads, online video, e-mail, and blogs that engage consumers anywhere, at any time, via their digital devices）」と[9]。したがってソーシャル・メディア・マーケティングと後述の第6章第3節（6－3）にて考察を加えるデジタル・マーケティングとは，ほとんど同義と見なしてよいであろう。

　第2は経済を取り巻く状況の変化であるが，とりわけ2008年秋に勃発したリーマン・ショックとその余波による世界的な景気後退は消費者に大きな打撃を与えた。20年ほどにわたる消費過剰（overspending）の状態の後，この新しい経済情勢の変化は消費者を所得に見合った消費に回帰させ消費の優先度を考え直させる契機となった。こうして今日では消費者の収入と支出は再び増加しているものの，米国では過去数10年間には見られなかった節約（frugality）指向が表れている。多くの消費者が良い生活（good life）とは何かを再考するようになったからである。

　このような新しい経済状況に呼応し，低価格商品から高額商品まであらゆる産業においてマーケティング戦略を策定し直している。従来では見られなかったほど，マーケターは金銭に見合った価値（value-for-the-money），実用性（practicality），耐久性（durability）などを重要視するようになった。つまり，不確実性の高い時代になってから多くのマーケターは長期的なブランド・イメージや顧客関係を損（そこ）なわないよう留意するようになってきたわけである。

　第3は非営利マーケティング（not-for-profit marketing）の発展である。近年になりマーケティングは大学，病院，博物館，動物園，交響楽団，財団，さらに教会など数多くの非営利組織（NPO：not-for-profit organizations）における戦略の主要部分になった。非営利組織は支援や会員を募（つの）る際に厳しい競争に直面しており，健全な

マーケティング（sound marketing）は非営利組織が会員，資金，支援を募る際に役立つからである。他方，政府機関でもマーケティングに対する関心が高まってきた。例えば米国陸軍は様々なサービスを行う軍人を採用するためのマーケティング計画を立てている。加えて様々な政府機関がエネルギー保存や環境に対する関心を鼓舞したり，喫煙や不法な麻薬使用，肥満などを減らすためのソーシャル・マーケティングにかかわるキャンペーンを企画している。

　第4は急速に進む経済のグローバル化である。今日，規模の大小を問わず，ほとんど全ての企業がグローバルな競争に直面している。米国企業も国内市場においてヨーロッパやアジアの多国籍企業の優れたマーケティングの挑戦を受けている。実際，トヨタ，ネスレ，サムスンなどは米国市場において競争相手となる米国企業を上回る実績をあげている。同様に広範な産業分野において米国企業はグローバルに事業を展開し，世界中で製品を造り販売している。その代表例がマクドナルドやナイキであろう。いまや世界中のどの国の経営者も自国だけでなくグローバルな視野を持たなければならなくなり，グローバル・マーケティング（global marketing）とは何であり，それは国内マーケティング（domestic marketing）とどこが違うのか，などを考慮しなければならなくなってきた。

　最後の第5に掲げられているのが，倫理や社会的責任の重視であり，別言すれば環境や社会に対する責任が求められるようになった情勢変化といえるだろう。実際にもマーケターたちは社会的な価値や責任とともに人類を支えているまさに地球との関係を再検討しつつある。世界的に消費者主義（consumerism）や環境主義

（environmentalism）が成熟するにつれ，現代のマーケターたちには持続可能なマーケティング（sustainable marketing）が求められるようになってきた。企業の社会的倫理や社会的責任（corporate ethics and responsibiltiy）があらゆる業界で重要な課題になっており，この背景にはいかなる企業行動も消費者との関係に影響を及ぼすようになってきた情勢変化がある。したがって，将来を展望する企業は消費者の身近なニーズだけでなく消費者やコミュニティの長期的な利害関係にも配慮して利益を得ることを追求しなければならなくなったわけである。

5．マーケティング1.0から3.0への変遷

5－1．マーケティング1.0と2.0

　ここからは同じくコトラー（P. Kotler）等によって執筆された『マーケティング3.0』および『マーケティング4.0』と題する2冊の著書を中心に論じていきたい[10]。マーケティング3.0は2008年秋のリーマン・ショック後の2010年に出版されたが，その7年後の17年に出版されたマーケティング4.0は顧客（cutomers）に焦点を当てたマーケティング3.0を踏まえてデジタル経済（digital economy）を基盤にしており，新しいマーケティングを創出するという観点から非常に注目されるからである。

　マーケティング3.0では最初に米国の未来学者アルビン・トフラー（Alvin Toffler）による時代の大きな変化に関する考え方が参照されている。つまり文明は3つの経済の波に分類され，第1の波

は土地を最も重要な資本とする農業の時代（Agriculture Age），第2の波はイギリスで発祥した産業革命を契機とする機械と工場を本質的な資本とする工業の時代（Industrial Age），そして第3の波は知力，情報，ハイテクが不可欠な資本となる情報の時代（Information Age）である。

　これと同じようにマーケティングにも大きな変革が求められている。最近の金融崩壊，気候変動（地球温暖化）の深刻化，経済の高成長率の西欧から東洋への移転，機械からデジタル—インターネット，コンピュータ，携帯電話，ソーシャル・メディアなど—への技術の移行といったマクロ経済的な変化が消費者行動（consumer behavior）に影響を及ぼし，マーケティングに変革を迫っている。過去60年間にわたりマーケティングは生産中心のマーケティング1.0から消費者中心のマーケティング2.0に移行し，今日では再び変化して企業は製品から消費者，さらに人類の課題に焦点を拡大している。こうしてマーケティング3.0は，企業が消費者中心から人間中心へ移行するとともに利益と企業責任とを調和させる段階を指向している（図表4参照）。

　Kotler etc.（2010）によれば，マーケティングは1.0から3.0へ向けて段階的に発展してきたが，今日でも多くのマーケターはマーケティング1.0を実践しており，マーケティング2.0を実践しているマーケターもいるけれども，マーケティング3.0を導入しつつあるマーケターは少数にすぎない。しかし，このマーケティング3.0を実践するマーケターには大きなチャンスが訪れることになるという。

　かつて中核技術が産業用の機械であった工業化の時代において，

	マーケティング1.0 （製品中心の マーケティング）	マーケティング2.0 （消費者指向の マーケティング）	マーケティング3.0 （価値主導の マーケティング）
■目　的	製品の販売	消費者の満足と獲得	世界の人々の生活向上
■推進力	産業革命	情報革命	新しい潮流となる技術
■企業による 　市場の観点	物質的なニーズに基づく多数の購買者	知力を備えた賢い消費者	知力と意思を備えた全ての人間
■主要なマーケ 　ティング・コン 　セプト	製品開発	差別化	価　値
■企業のマーケ 　ティング・ガイ 　ドライン	製品仕様	企業および製品のポジショニング	企業の理念，ビジョンおよび価値
■価値提案	機能的	機能的および情緒的	機能的，情緒的および意思的
■消費者との接触	1対多数の取引	1対1の関係	多数対多数の連携

図表4　マーケティング1.0，2.0および3.0の比較

出典：Philip Kotler etc., *Marketing 3.0 : From Products to Customers to the Human Spirit*, John Wiley & Sons, Inc., 2010, p.6.

マーケティングは工場で製造された製品を買いたい人に販売することにかかわる活動であった。したがって，目標は製品を可能な限り安価にするために製品を標準化し生産を大規模化する点にあった。このマーケティング1.0の戦略を象徴しているのがヘンリー・フォードのT型フォード車である。

　これに続くマーケティング2.0は今日の情報技術が中心となる情報化時代に起因し，マーケティングの役割は単純ではなくなった。消費者は十分な情報を得て，いくつかの類似製品を容易に比較することができるようになったからである。ここでは製品の価値が消費者によって定義づけられるものの，消費者の嗜好（preferences）が

大きく異なっているため，マーケターは市場を細分化したうえで特定の標的市場に対し一層優れた製品を開発しなければならなくなる。企業にとって「消費者は王様である（Customer is King）」という黄金律（golden rule）がうまく機能するからである。

5-2. マーケティング3.0の時代へ

今日ではマーケティング3.0，すなわち価値主導の時代（values-driven era）が到来している。マーケターは人々を単に消費者として扱う代わりに，知力，精神，意思（minds, hearts, and spirits）を備えた人間（human beings）としてアプローチすることになる。消費者指向のマーケティング2.0と同じように，マーケティング3.0も消費者の満足を目指している。しかしながらマーケティング3.0を実践する企業は，世の中に貢献する一層遠大な使命，ビジョン，価値（missions, visions, and values）を備え，社会における諸問題に対する解決策（solutions）の提供を目指している。とりわけグローバルな経済危機の時代に，マーケティング3.0は消費者が急速な社会的，経済的および環境的な変化と乱気流によって影響を受けやすくなるにつれ，消費者の生活に対し一層強い関係を持っている。このマーケティング3.0に対する経営的な情勢を形成する主要な推進力として，①参加（paticipation）の時代，②グローバル化の矛盾（globalization paradox）した時代，および③創造的な社会（creative society）の時代の3つが掲げられている（図表5参照）。

一方，技術的な進歩が消費者，市場，マーケティングに大きな変化をもたらした。実際，マーケティング1.0は産業革命の間に生産

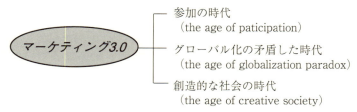

図表5 マーケティング3.0への経営的な推進力

技術の進歩に先導され、マーケティング2.0は情報技術とインターネットの成果として実現した。現在では「新しい潮流となる技術 (new wave technology)」がマーケティング3.0の誕生を推進している。こうした2000年代初頭から誕生するようになった新しい潮流となる技術とは、個人やグループの間の接続や相互作用を可能にする技術を指し、具体的には安価なコンピュータとモバイル電話、低コストのインターネット、およびオープン・ソースのことで、これらの技術は個々人に自己表現と他人との協力を可能にした。

こうした新しい潮流となる技術が出現したことによって、ソーシャル・メディア (social media) が誕生することになり、このソーシャル・メディアは次の2種類に大きく分類される。その第1は表現に富む (expressive) もので、これにはソーシャル・ネットワーキング・サイトによって写真も共有できるブログ (blogs)、ツイッター (Twitter)、ユーチューブ (YouTube)、フェイスブック (Facebook) が含まれる。第2は協同的 (collaborative) なもので、この代表例の一つが誰もが無料で自由にサイト (sites) にアクセスし編集に参加できる多言語インターネット百科事典のウィキペディ

ア（Wikipedia）である。

　さらにマーケティング3.0に向けて新しい消費者の姿勢を形成することとなった技術の影響に加え，もう一つの推進力となったのが技術を基盤に進展したグローバル化（globalization）である。特に情報技術（information technology：ＩＴ）が世界中の国家，企業，および個人の間の情報交換を可能にする反面で，輸送技術（transportation technology）がグローバルなバリュー・チェーン（value chain：価値連鎖）において貿易などの物理的な取引を促進している。こうして技術と同じようにグローバル化は世界中の誰にでも到達できることから，連結型の経済（interlinked economy）を創出する。ところが技術と異なりグローバル化は平衡力（counterbalance）を引き起こす推進力となり，平衡（「釣り合い」の意味）を求めて逆説（paradox）を生むことが多い。グローバル化は世界中の国家や人々を解放する（liberate）と同時に圧力（pressure）をもたらすことにもなる[11]。

　結局，マーケティングは消費者に最も近い経営プロセス（managerial process）といえるが，マーケターと消費者との矛盾点は終焉を迎えなければならない。いかなる製品やサービスのマーケターも他の製品やサービスの消費者である，という認識を持たなければならない。なぜなら誰もがマーケターでもあるとともに消費者でもあり，消費者は他の消費者にマーケティングをしていることになるからである。こうして過去60年間にわたるマーケティング・コンセプトは，ほとんどが垂直的なものであるのに対し，新しい消費者の信頼システム（new consumer trust system）は水平的なものに

マーケティングの 実践	今日のマーケティング・ コンセプト	将来のマーケティング・ コンセプト
製品マネジメント	４Ｐ（製品，価格，場所，販売促進）	共同創造 （cocreation）
消費者マネジメント	ＳＴＰ（細分化，ターゲティング，ポジショニング）	共同体化 （communitization）
ブランド・ マネジメント	ブランドの構築	特徴の構築 （character building）

図表6　企業が成功するマーケティングの実践

出典：Philip Kotler etc., *Marketing 3.0 : From Products to Customers to the Human Spirit, op. cit.,* p.32.

なる。結局，今日の消費者は自身の共同体（コミュニティ：community）に集い，自身の製品や経験を共に創造し，賞賛に値する特徴を求めて共同体の外側を見ているにすぎない。

　ただし，消費者は良い特徴は共同体の外側にあることについては懐疑的であるけれども，いったん良い特徴を発見すると忠実な支持者になろうとする。したがって企業が成功するには図表6に示したように，マーケティングを実践する際に，消費者はますます共同創造（cocreation），共同体化（communitization），および特徴の構築（character building）を指向するようになる動向を把握しなければならない[12]。

6．新しいマーケティング4.0の時代

6－1．マーケティング3.0から4.0へ

マーケティング3.0が2010年に発表されてから6年間にわたる考察期間を経て，7年後の17年にマーケティング4.0が発表された。その間に技術的な進歩によって多くのことが起こった。これらは新しい現象ではないものの，技術の統合（technology convergence）が最終的にはデジタル・マーケティングと伝統的なマーケティングとの統合（the convergence between digital marketing and traditional marketing）に結びつくと考えられている。ハイテクの世界では人々が高度な接触（high touch）を切望するからである。社会的な交流が進めば進むほど，人々は自身のために造られたものを欲するようになる。ビッグデータの分析に支援されて製品はより個性的（personalized）なものとなり，サービスはより個人的（personal）なものとなる。デジタル経済で重要な点は，これらの矛盾をテコにして活用する（leverage these paradoxes）ことにある。

こうした過渡期には新しいマーケティングへのアプローチが必要となり，マーケティング3.0の当然の進化形としてマーケティング4.0が導入されることになる。マーケティング4.0の趣旨はデジタル経済（digital economy）のもとで変化しつつある消費者の消費の仕方の実態にマーケティングを適合させる点にあり，マーケターの役割も消費者に意識（awareness）させることから最終的には支持（advocacy）するように導くことへと変わっていく[13]。

今日，私たちは全く新しい世界で生活しており，例えば西欧の大国（Western superpower countries）のリーダーが自己中心的な考え方（ego）を捨てて他国との協力を余儀なくされるように，これまで経験してきたパワーの構造（power structure）が劇的に変化している。マクロ的には世界が覇権的なパワーの構造から多国参加型へと変化しつつあり，ほとんどがＥＵや米国であった大国は経済的なパワーが他の国，とりわけアジアの国へと移行しつつあることを認識している。私たちは，どのようにして排他的（exclusive）なパワーが包括的（inclusive）なパワーに取って代わられるかを目の当たりにしているが，私たちの生活に連結性（connectivity）と透明性（transparency）をもたらしたインターネットが，こうしたパワーの変化（power shifts）の大きな要因となった。

パワーの変化は人々にも影響を及ぼし，現在ではパワーが個人ではなく社会的集団とともにある。水平的・包括的・社会的な勢力（forces）が垂直的・排他的・個人的な勢力を凌駕する世界では，顧客のコミュニティは一層力強いものとなり，大企業やビッグ・ブランドを恐れずブランドに関する良し・悪しといった話しを共有することを好む。こうしてブランドに関する無作為な会話（random conversations）が，標的に向けられた広告キャンペーンより信頼性が高くなり，社会的集団が影響力の主要な源泉となって対外的なマーケティング・コミュニケーションや個人の嗜好（preference）を上回るようになった。その結果，顧客はブランドを選択する際に仲間や同僚に先導されやすくなる[14]。

6－2．マーケティング4.0の時代背景

上述したようにマーケティング4.0へ進化する時代背景として，第1にマクロ的には世界の経済的なパワーの変化が覇権的で排他的なパワー構造から多国参加型で包括的なものへと移行し，その要因にはインターネットの普及が指摘されている。それとともに第2にミクロ的には社会的集団の影響力が強くなり，ブランドを選択する際に顧客のコミュニティが大きな源泉となってブランドの決定を左右するようになってきた動向が読み取れる。

それらに加えてグローバル化（globalization）によって企業間の競争力（competitiveness）が，もはや企業の規模や国籍，あるいは過去の優位性によって決定されなくなる。小規模で社歴が短く，しかも地域を基盤にする企業が，大規模で社歴が長くグローバル化した企業に対抗して競争できる機会が得られるようになるわけである。結果的に他の企業を圧倒的に支配する企業も存在しなくなり，それに代わって共に創造するために顧客や仲間（partners）のコミュニティとの連携，さらに競争相手であっても共に協力（co-opetition）できる企業との連携が可能な企業が現れれば，このような企業が競争力を獲得することになるであろう[15]。

イノベーション（技術革新：innovation）の流れも，かつては企業からマーケットへ垂直的（vertical）に行われた。従来，企業ではイノベーションは企業内から発生すると考えられ，それが強力な研究開発の基盤を形成してきた。ところが結局は内部的なイノベーションのスピードが，変化し続ける市場において十分ではないことを認識するようになった。こうして今日，イノベーションは市場自体が

アイデアを提供し，そのアイデアを企業が商業化するという水平的（horizontal）なものになっている[16]。

　同様に競争（competition）の概念も技術的な要因によって垂直的なものから水平的なものへと変化しつつある。市場は大量型を主流とするブランドから小量型でニッチ（隙間的：niche）なブランドへ移行しつつあり，インターネットを利用することによって物理的なロジスティクスの制約（physical logistical constraints）が，もはや小さな企業やブランドに存在しなくなる。

　一方，顧客が購買を行う際には社会的な調和願望（desire for social conformity）とともに個人的な嗜好（individual preference）に導かれるのが典型的であった。このうちの社会的な調和指向を重視するか個人的な嗜好を重視するかの程度は個人によって様々である。しかし今日，私たちが生活している連結性（connectivity）があれば，顧客はますます他人の意見に注意を払うようになり，他人の意見を共有したり膨大なレビュー（評価：review）を取り入れる。とりわけインターネットによってソーシャル・メディアが，こうした主要な変化を推進してきた。したがってコミュニティが形成される時代背景のもとで，企業は従来のようにマーケティング・コミュニケーションをコントロールできなくなる。

　マーケターは図表7に示したようなより包括的，水平的，そして社会的な時代背景の変化を理解する必要がある。特にソーシャル・メディアは地理的（geographic）および人口統計的（demographic）な障壁を取り除いて人々の連携とコミュニケーションを可能にし，企業に対しては連携を通してイノベーションを可能にする。顧客は

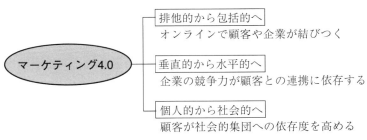

図表 7 マーケティング4.0の時代背景

より水平指向になってブランドからのマーケティング・コミュニケーションにますます注意深くなり，それに代わって 'f-factor' と呼ばれる友人，家族，愛好家，信奉者 (friends, families, fans, and followers) に依存するようになる。最終的に顧客の購買プロセスは以前より社会的 (social) なものとなって意思決定の際に社会的集団 (social circle) に注意を払うようになり，オンライン (online) とオフライン (offline) の両方で助言 (advice) や評価 (review) などを求めるようになる[17]。

6-3. デジタル・マーケティング

伝統的にマーケティングは常に市場の細分化 (segmentation)，すなわち市場を地理的，人口統計的，心理属性的 (psychographic)，および行動的な諸要因に基づいて同質性を備えたグループに分類する作業から始まる。この細分化に続けて標的設定 (targeting) を行うのが典型的であるが，標的設定とはブランドがその魅力に基づいて追求し，そのブランドに適すると確信される1つまたはそれ以上

の細分化された市場を選択する作業を指す。こうした細分化も標的設定もブランド戦略の基本となるけれども，両者はブランドと顧客との垂直的な関係をも表している。しかしながらデジタル経済では顧客が水平的なウェブのコミュニティで社会的に相互に結ばれ，このウェブのコミュニティが新しい細分化された市場を形成する。

また，マーケティング・ミックスは顧客に何をどのように提供するかに関する計画を支援するために従来から使われてきたツール（classic tool）であり，本来的には‘4P’（product, price, place, and promotion）であるが，連結された世界（connected world）ではマーケティング・ミックスが一層の顧客参加（customer participation）を提供するように進化するため‘4C’（co-creation, currency, communal activation, and conversation）に定義し直されるべきであり，この新しいデジタル経済における4Cによって企業はデジタル経済で生き残る確率が高まる（図表8参照）。

この場合に最初の共同創造（co-creation）とは，デジタル経済において新製品を開発する戦略のことである。これにより企業は新製品開発の成功率を向上させることができるとともに，顧客はカスタマイズまたは個性化された製品やサービスを入手できるようになり，優れた価値の提供を受けることが可能になる。次に価格設定（pricing）はデジタル時代には標準化（standardized）から動的（dynamic）なものへと変化する。例えばオンラインによる小売業では膨大なデータを収集し，そのビックデータを分析することによって顧客ごとに価格設定を行い，企業は利益を最適化（optimize）することができる。こうしてデジタル経済では価格が流通貨幣

伝統的な「4P」 ⇨	デジタル経済の「4C」
■製　品 （product）	⇨ 共同創造（co-creation） 　　顧客とともに新製品を開発すること 　　によって優れた価値を創造する
■価　格 （price）	⇨ 流通貨幣（currency） 　　動的な価格設定により需要に応じて 　　価格を変動させる
■チャネル （place）	⇨ 共同体的活性化（communal activation） 　　同等の仲間どうしの間（PtoP）で製品やサービスを 　　流通させる
■販売促進 （promotion）	⇨ 会話（conversation） 　　ソーシャル・メディアによって顧客どうしの会話を 　　促進する

図表8　デジタル経済のマーケティング・ミックス「4C」

（currency）のように市場の需要によって上下することになる。続いてチャネルも変化し，とりわけ共有を軸とするシェア経済（sharing economy）のもとでは製品やサービスが同等の仲間どうしの間（peer-to-peer：PtoP）で流通するようになり，これが共同体的活性化（communal activation）の基盤となる。最後に販売促進も変わり，企業から顧客への一方向的なものから，今日ではソーシャル・メディアの普及によって顧客が他の顧客へブランド評価などに関して会話（conversation）することができる。

　ただし，デジタル・マーケティング（digital marketing）は伝統的なマーケティング（traditional marketing）に取って代わるものではなく，図表9に示したように両者は役割を交替しながら同時に存在

伝統的なマーケティング	デジタル・マーケティング
従来のマーケティング・アプローチ	連結されたマーケティング・アプローチ
● 戦略的な市場の細分化と目標設定 ● ブランドのポジショニングと差別化 ● 戦術的なマーケティング・ミックス（４P）と販売アプローチ ● 価値を創造するサービスとプロセス	● 顧客のコミュニティの確定 ● ブランドの特質と分類の明確化 ● 連結的なマーケティング・ミックス（４C）とその商品化 ● 連携的な顧客への対応

図表9 伝統的なマーケティングとデジタル・マーケティング

資料：Philip Kotler etc., *Marketing 4.0 : Moving from Traditional to Digital*, John Wiley & Sons, Inc., 2017, p. 82.

しなければならない。企業と顧客の相互作用（interaction）の初期段階では伝統的なマーケティングが認識（awareness）と関心（interest）を引き出す際に主要な役割を果たす。ところが，こうした相互作用が発展し顧客が企業との密接な関係を求めるようになるにつれてデジタル・マーケティングの重要性が高まり，その最も重要な役割は行動（action）と支持（advocacy）を推進することになる。

　要するにマーケティング4.0は企業と顧客の相互作用をオンラインとオフラインの両方で結びつけ，ブランド構築において様式（style）と実質（substance）を融合し，最終的に顧客の関わり（engagement）を強化するために人間どうしの接触（human-to-human touch）を機械どうしの連結（machine-to-machine connectivity）で補うというマーケティングのアプローチになる。それはマーケターたちのデジタル経済への移行に役立ち，マーケティングに関する重要なコンセプト（概念：concept）の再定義を余儀な

くさせる。こうしてデジタル・マーケティングと伝統的なマーケティングは，顧客の支持を獲得することを最終目標とするマーケティング4.0において共存しなければならない[18]。

7．まとめ：流通革命に向けて

7－1．「ネットとリアル」の融合

　マーケティングは18世紀から19世紀にかけて勃興した産業革命（Industrial Revolution）による機械化によって整備された大量生産体制を背景に，大量販売を行うための手法として「マーケティング論の父」と評されるA．W．ショーによって20世紀初頭に提唱され，需要創造（demand creation）という当時では画期的な概念を起点に理論構築が始まったといえよう。このマーケティングは20世紀を通して学術的に熱心に研究され続けてきたが，20世紀末に勃発したコンピュータとインターネットの普及にともなうＩＴ（情報技術：Information Technology）革命によって大きな転機を迎えることになる。それはA．W．ショーによってマーケティング論の端緒が開かれてからちょうど100周年となる1世紀後の21世紀になり「現代マーケティングの父」とも称されるP．コトラー等によって考察が加えられ，本稿において検討されたマーケティング4.0に当たるデジタル・マーケティングの提唱に象徴されている。

　そもそもデジタル（digital）とは，数値，文字，音声，画像など全ての量や状態に関するデータを0と1の組み合わせ，すなわちオンとオフで表す方式を指し，あらゆるデータを連続した量で表すア

ナログ（analog）の対照語として使われるようになった。したがってデジタル技術を小売業を主体とする流通分野に応用すれば，新しい流通形態として世界中で台頭してきたインターネット通信販売（インターネット通販またはネット通販）を表すのがオンラインで，従来から存在する伝統的な流通形態と呼べる実店舗販売を表すのがオフラインになり，最近では流通革命と呼べるほどインターネット通信販売が急速に普及し，伝統的な実店舗販売中心の流通市場に浸透し凌駕する傾向すら鮮明になってきた。

　例えば2017年になると米国では米国型消費の象徴的存在となっていたショッピングモール（ＳＭ：shopping mall）が，アマゾン・ドット・コムなどのインターネット通販業者に顧客を奪われ集客力を失って閉鎖が相次ぎ，いわゆる「デッドモール（Dead Mall）」が増加した。その一方で，同年6月に米国のインターネット通販最大手のアマゾンは有機野菜など食の安心・安全にこだわった生鮮食品を数多くそろえる米高級スーパーのホールフーズ・マーケットを買収し，実店舗チェーンを傘下に収めることによってネット販売にとどまらない巨大小売業を誕生させ，アマゾンの流通事業は「ネットとリアル」を融合させる次の段階に入った，と報じられている。つまり，スーパーマーケットなどの小売業の最後の砦とされる生鮮食品の分野にまで進出しようとしているわけである[19]。

　これだけでなく米国では1994年に書籍のインターネット通販から始まったアマゾン・ドット・コムなどのインターネット書籍販売や電子書籍の台頭を背景に，米書店チェーンでバーンズ＆ノーブルに次ぐ全米第2位のボーダーズが経営破綻し2011年2月に連邦破産法

論 説 Ⅲ　　189

11条（日本の民事再生法に相当）の適用を申請した。それと同じように6年後の17年9月には米玩具販売大手チェーンのトイザラスまでがアマゾン・ドット・コムをはじめとするインターネット通販の攻勢によって消費者を奪われたため経営破綻して連邦破産法11条の適用申請に追い込まれ，対面販売が重要な分野にまでネットの影響が及ぶ動向が浮き彫りになった[20]。

　実際，アマゾンが書店から始まって，百貨店，食品スーパー，ドラッグストア，衣料品販売，スポーツ用品販売などあらゆる小売業に参入し既存の企業を苦境に追い込んで飲み込んでいく現象を指して「アマゾン・エフェクト（Amazon Effect）」という造語まで使われるようになってきた。さらに，同じようにネットとリアルの新旧対決で前者のネットが勝利する傾向は，中国でも顕著に見られるようになってきている。ただし，米国では4700カ所という全米を網羅する膨大な店舗網を持つスーパーマーケット最大手のウォールマートは，ネットで注文した生鮮品を最寄りの店舗で受け取れる仕組みを導入し対抗しようとしているという[21]。

7－2．流通革命とマーケティング

　そうした実店舗販売とインターネット通販にかかわる急速な情勢変化はGDP（国内総生産）ベースで世界第1位の米国だけでなく日本を抜いて第2位に躍り出た中国，さらに第3位の日本などの主要な経済大国で顕著になっている[22]。加えて，この兆候は東南アジアなどの開発途上国でも見られるようになり，もはや世界的な現象になってきていると考えてよいであろう。例えば消費者が購入した

い商品の価格や品質を実店舗の小売店で確認した後，実際の購入は価格の安いことが多いインターネット通信販売で行うことを意味するショールーミング（showrooming）という消費行動を示す用語が登場したのは，こうした21世紀の新しい流通市場の革命的現象を裏付けているのではないだろうか。

　それだけでなく OtoO（または Ｏ２Ｏ）マーケティングとかオムニチャネル・マーケティング（omni-channel markating）という新しい画期的なマーケティング手法が提唱されるようになってきている。この場合の 'O' はオンライン（online）のネット店舗（ウェブ・サイト上の仮想店舗）またはオフライン（offline）の実店舗，すなわちリアル店舗を示唆しており，ネット店舗からリアル店舗へ顧客を誘導するだけでなく，逆にリアル店舗からネット店舗へも顧客を誘導し効率的に集客力を高めるマーケティング手法を指している。さらにオムニ（omni）とは「すべて，あらゆる」を表す英語の接頭語で，オムニ・チャネルとは顧客があらゆるチャネル（channel：流通経路）から購入できるようになる流通業の新しいシームレス（seamless：継ぎ目がない）な小売形態を指し，このなかで OtoO マーケティングも当然活用することができるであろう。

　ただし，流通革命に結びつくマーケティング活動にも解決しなければならない大きな課題が横たわっている。それは第１にマーケティングにおける基本的な販売手法として消費者から消費者へ直接伝わる商品に関する「口こみ」情報の影響力の強さは従来から実務的に主張されている。しかし，21世紀における今日のようなデジタル経済のもとではスマートフォン（スマホ）とともにソーシャル・

メディアやＳＮＳ（ソーシャル・ネットワーキング・サービス）が急速に普及したことから消費者どうしの結び付きが従来より強固になって新しいコミュニティが形成されるようになってきた。したがって，この動向に適応したＩＴを重視するデジタル・マーケティングの手法を企業が導入しなければならなくなった点である。

　第2は，インターネット通信販売では注文がインターネットを通して行われ，最近ではパソコンだけでなくインターネットに接続できる携帯端末のスマートフォン（スマホ）やタブレット端末を使った注文も増加傾向にある。ところが，この場合に注文を得た後に製品を届ける配送サービスを的確に行わないと，マーケティングで重要な顧客満足（ＣＳ：customer satisfaction）を向上させることができない点である。製品が消費者に届いて初めてインターネット通信販売の経済的または商業的な価値が実現するからである。特に日本では貨物を運ぶトラック・ドライバー不足によって物流危機とか宅配クライシスと呼ばれるほど，配送や配達などの物流ないしはロジスティクスの問題が深刻化している。したがって物流を重視するロジスティクス・マーケティングの導入が必須になると考えられる。

　もちろん流通市場における実店舗販売とインターネット通信販売は今後も共存し続け「ネットとリアル」は融合していくことになるが，図表10に示したように流通革命に向けて新しい流通形態となるインターネット通信販売のさらなる市場浸透を図るには，効果的なマーケティング手法としてＩＴを重視するデジタル・マーケティングとともに物流を重視するロジスティクス・マーケティングからの両方のアプローチが必要不可欠になる。このため，それぞれの

```
                        ┌─────────┐
                        │ 流 通 革 命 │
                        └─────────┘
                         ↑        ↑
┌─────────────────────────┐  ┌─────────────────────────┐
│    物流を重視する         │  │    ITを重視する          │
│ ロジスティクス・マーケティング │  │ デジタル・マーケティング    │
│      「4 C」             │  │      「4 C」             │
│  ▶顧客の問題解決          │  │  ▶共同創造               │
│   (Customer solution)   │  │   (Co-creation)         │
│  ▶消費者のコスト          │  │  ▶流通貨幣               │
│   (Cost)                │  │   (Currency)            │
│  ▶買い手の便利さ          │  │  ▶共同体的活性化         │
│   (Convenience)         │  │   (Communal activation) │
│  ▶双方向のコミュニケーション │  │  ▶会 話                 │
│   (Communication)       │  │   (Conversation)        │
└─────────────────────────┘  └─────────────────────────┘
              ⇧                          ⇧
      ┌──────────────────────────────────────────┐
      │ 流通市場におけるインターネット通信販売の市場浸透 │
      └──────────────────────────────────────────┘
```

図表10 流通革命へのマーケティング論の新たな展開

マーケティング戦略の要素となるマーケティング・ミックスの「4 C」を融合しさらに最適化していかなければならず, そこにこそ20世紀初頭にマーケティング論が誕生してから約1世紀後, すなわち百周年を迎えた21世紀の今日において新たなマーケティング論の展開が期待される合理的な根拠があると結論づけられるわけである。

〈注記〉

1)「ロジスティクス・マーケティング」という新しい概念については以下の拙著の第Ⅴ章から第Ⅶ章（105～176頁）で詳しく論じられている。

丹下博文『企業経営の物流戦略研究（第 2 版）』中央経済社，2017年。

2) 2017年 5 月に AMA（アメリカ・マーケティング協会）のホームページ（https://www.ama.org/AboutAMA/Pages/Definition-of-Marketing.aspx）から引用。

3) 本書の133頁も参照されたい。なお，本書の原典は以下のようになる。

A. W. Shaw, *Some Problems in Market Distribution*, Harvard University Press, 1915.

4) Philip Kotler & Gary Armstrong, *Principles of Marketing*（*Sixteenth Edition*）, Pearson Education Limited, 2016, pp. 28-54.

5) *Ibid*., p. 29.

6) *Ibid*., p. 31.

7) *Ibid*., pp. 33-36

なお，ソシエタル・マーケティング（Societal Marketing）やソーシャル・マーケティング（Social Marketing）は以下の拙著のなかで論じられている。

丹下博文『企業経営の社会性研究（第 3 版）』中央経済社，2014年，21～22頁。

8) Philip Kotler & Gary Armstrong, *op. cit.*, pp. 48-53.

9) *Ibid*., p. 49.

参考までに米国の主要新聞においては次のようなソーシャル・メディアという用語の使用例が見られる。

'In social media era, selfies are the new Tupperware party', The New York Times International Edition, August 28, 2017.

'Denny's new mascot mocked on social media', USA TODAY, September 14, 2017.

'The Silent Film Returns on Social Media', The New York Times, September 14, 2017.

'Facebook Stresses Brand Safety in Video Advertising', The Wall

Street Journal, September 14, 2017.

　ちなみに，この最後の記事は次のような記述から始まっている。「As Facebook Inc. ramps up its new "in-stream" video advertising, the social media company is attempting to avoid the brand-safety headaches that have plagued rivals such as YouTube in recent months.」と。

　なお，日本では人と人とのコミュニティの形成を促進する社会的ネットワークをインターネット上の Web サイトで構築する SNS（Social Networking Service）が，国内だけでなく国際的な「口コミ」効果を狙ったマーケティング活動として集客力を高める効果を発揮している現象が注目される。この SNS の代表例としてフェイスブック（Facebook），ライン（LINE），ツイッター（Twitter）などが挙げられている。

　一方，ブログ（blog）とはウェブログ（Weblog）の略語でウェブ・サイトまたはホームページの一種。日記のように発信者とともに閲覧者も簡単に個人の意見や感想などをウェブ上で時系列的に公開でき，その執筆者はブロガー（blogger）と呼ばれ，2001年の米国における同時多発テロ（9.11）勃発以降の社会的不安の高まりを背景に急増したといわれている。

10)　Philip Kotler etc., *Marketing 3.0 : From Products to Customers to the Human Spirit,* John Wiley & Sons, Inc., 2010.

　　Philip Kotler etc., *Marketing 4.0 : Moving from Traditional to Digital,* John Wiley & Sons, Inc., 2017.

11)　Philip Kotler etc., *Marketing 3.0 : From Products to Customers to the Human Spirit, op. cit.,* pp. 3 -17.

　なお，『広辞苑（第7版）』によれば，オープン・ソース（open source）とは「コンピューター・プログラムのソースコードを無償で公開し，複製・修正・再配布などが自由に行えるようにするソフトウェアの開発方式。また，そのようなソフトウェア」と説明されている。

　一方，グローバル化またはグローバリゼーションに対する平衡力とは，実質的にはグローバル化が貧富の格差や環境破壊といった負の側面を助長していると唱える反グローバル化（anti-globalization）の動向を指していると考えられる。

12) *Ibid.*, pp. 17–34.

13) Philip Kotler etc., *Marketing 4.0 : Moving from Traditional to Digital*, John Wiley & Sons, Inc., *op. cit.*, Prologue.

14) *Ibid.*, pp. 5 –7.

15) 'co-opetition' は cooperation（協力）と competition（競争）の合成語で，経営やマーケティングの分野では競争関係にある企業同士が同時に満足できないトレードオフ（trade-off）の状況下において，双方の利益のために協力し合うことを表す新語である。

16) 本書の119頁参照。

　　　参考までに，ショーはマーケティングの源泉となった需要創造活動の目的は，消費者に購買意欲を起こさせるような「商品に関するアイデア（idea about the goods）」を伝達し，消費者の購買行動を普及・継続させることにある，と述べている。

17) Philip Kotler etc., *Marketing 4.0 : Moving from Traditional to Digital*, *op. cit.* pp. 7 –15.

　　　なお，インターネットを通して商品を注文し購入するインターネット通信販売（インターネット通販またはネット通販）とオンライン・ショッピングとは同義語として使われることが多い。

18) *Ibid.*, pp. 47–53.

19) 「アマゾン，米高級スーパー買収：生鮮 ウォルマートに挑む」日本経済新聞，2017年 6 月18日付け。

　　　この記事では，急拡大するアマゾンにウォルマート・ストアーズなど競合企業はネット事業の強化を打ち出すが，決め手に欠くのが現状，と分析されている。

　　　「アマゾンが1.5兆円買収：リアル融合，新段階に」日本経済新聞，2017年 6 月17日付け。

　　　「米商業モール苦境：ネット通販に押され」日本経済新聞，2017年 6 月14日付け。

　　　米国のショッピングモールは百貨店を中心に形成され，とりわけ大手百貨店は「アンカーテナント（anchor tenant）」と呼ばれていたが，その百貨店自体がインターネット通販業者に顧客を奪われモールからの撤退

196

が相次いでいるという。

　なお，短時間での保冷配送が必要な生鮮食品分野へのネット通販の進出という新潮流は中国でも表面化してきている。

　「生鮮通販店が倉庫：中国ネット小売り　新潮流」日本経済新聞，2017年7月1日付け。

20)　「専門店の強み　ネットが浸食：米トイザラス破産申請」日本経済新聞，2017年9月20日付け。

21)　「ローソン店舗で生鮮品受け取り」日本経済新聞，2018年2月27日付け。

　　　参考までに，ネット通販で注文した野菜や肉などの生鮮品を店舗で受け取ることができるサービスは日本でも開始された。

　「ウォールマート，ネット通販急減速：対アマゾン，値下げで消耗」日本経済新聞，2018年2月22日付け。

　「ウォールマート，ネット失速：米小売り　アマゾンの影」日本経済新聞，2018年2月21日付け。

　「海外販売　アマゾンに照準」日本経済新聞，2017年12月5日付け。

　「アリババ，店舗と融合に的」日本経済新聞，2017年11月21日付け。

　「アリババ　スーパーに出資：中国でネット・実店舗融合」日本経済新聞，2017年11月20日付け。

　「巨人ウォールマート　アマゾンに反撃」日本経済新聞，2017年11月18日付け。

　「アマゾン・エフェクトが落とす影」日本経済新聞，2017年11月18日付け。

　「米年末商戦　ネットが席巻」日本経済新聞，2017年11月16日付け。

22)　「ネット通販3社　百貨店を抜く：楽天・ヤフー・アマゾン」日本経済新聞，2018年2月18日付け。

英和対訳例（翻訳部分）

【注：単数形と複数形がある場合には，基本的に単数形で示してある。また，冠詞は省略してある。】

adaptability	順応性
adjustment	調整
administration	管理
administrative order	行政命令
advertising [*or* advertisement]	広告
advertising man	広告業者
agency	機関，手段
analogy	類似性
appeal	訴求する
applied psychology	応用心理学
approach	アプローチ，接近法
aroused demand	喚起された需要
average cost of selling	平均販売コスト
average manager	一般〔または普通〕の経営者
average producer	一般〔または普通〕の生産者
assembling	集荷
asset currency	資産通貨
assorting	仕分け
bankrupt stock	破産在庫(品)
bargain-counter	特売品売場
barter	物々交換

bill-board	掲示板
branch house [or store]	支店
brand	ブランド
business	企業経営，企業活動，企業
business instinct	事業に対する直感，商才
business man	企業経営者
business practice	経営慣行
business secret	企業秘密
by-product	副産物
capital fund	資本金
chain of distribution	流通連鎖
circular	ビラ
classification	分類(法)
college man	大学を出た人
combination	連合
commercial distribution	商品流通
commercial ethics	商業倫理
commercial paper	商業手形
communication	伝達，コミュニケーション
compensation	補填，報酬
competitive market	競争市場
competitor	競争相手，同業者
conscious needs	意識的ニーズ
consideration	考察事項，理由，動機
construction	建物
consumer	消費者
consumer's surplus	消費者余剰
consuming power	消費力
consuming public	消費大衆，一般消費者
corporate form	会社形態

英和対訳例　　*199*

credit	信用(貸し)
credit loss	貸倒れ損
customer	顧客
cycle of distribution	流通経路
dealer	販売業者
defensive suit	応訴訴訟
demand creation	需要創造
demand curve	需要曲線
desire	欲望
desired demand	望みどおりの需要
details	細部事項
differentiated commodity	差別化商品
differentiation	差別化
direct advertising	直接広告
direct salesman	直接販売員
direct shipment	直接発送
discount	割引(額)
distribution	流通
distributor	流通業者
division of labor	分業
domestic product	国産品
domestic system of manufacture	家内工業制
door-to-door salesman	戸別訪問販売員
economic ground	経済的根拠
economic organization	経済組織
economy of large scale production	大規模生産の経済性
effective demand	有効需要
effectiveness	有効性
efficiency	効率性
electric sign	ネオンサイン

empirical method	経験的方法
equipment	設備
evil	弊害
exclusive store	専属店
executive	経営者，経営幹部
experimental department	実験部門
experimental psychologist	実験心理学者
export merchant	輸出商
express company	急行便を扱う通運会社
expressed conscious demand	明確に意識される需要
external economy	外部経済
external problem	外部問題
facilitation	促進
factory system	工場制度
felt needs	感知されたニーズ
finance [or financing]	金融
finished goods	完成品
fixed charge	固定費
fixed condition	確定条件
fluidity	流動性
form of expression	表現形態
function	機能，効用
functional middleman	機能的中間業者
general advertising	一般広告
general body of labor	一般労働者団体
general public	一般大衆
generalization	一般化，一般原則，一般論
geographic distribution	地理的分布
gratification	満足(感)
grocery store	食料雑貨店

英和対訳例　　*201*

group effectiveness	集団効果
handicraftsman	手工業者
hardware	金物
heavy machinery	重機械
honest intention	良心
house brand	自社ブランド
household appliances	家庭用器具
human relations	人間関係
human wants	人間の欲求
idea about the goods	商品に関するアイデア
identity	同一性
imported commodity	輸入品
improvement	改善，改良
industrial history	産業史
industrial organization	産業組織
insurance company	保険会社
internal economy	内部経済
invoice	送り状
laboratory method	実験的方法
laboratory study	実験的研究
law of averages	平均の法則
law of competitive businesss	競争的企業経営の法則
law of diminishing returns	収益逓減の法則
leakage	漏えい
location	立地
lost motion	無駄な動作
mailing list	郵送先名簿，送付先リスト
mail-order	通信販売
man of means	資産家
management	経営者，経営管理

manager	経営者，マネジャー
managerial ability	経営管理能力
managerial responsibility	経営管理責任
manufacturer	製造業者
margin of profit	利ざや
market contour	市場の形勢
market price	市場価格
market psychology	市場心理
market value	市場価値
mass consumption	大量消費
mass phenomenon	大量現象
material	素材，原材料，資料
material want	物質的欲求
merchandising practice	商品取引慣行
merchant	商人
merchant-producer	商人的生産者
merchant-retailer	商人的小売商
method of distribution	流通方法
method of study	研究方法
mill clearance	工場の棚ざらえ
modification	修正
monopolistic position	独占的な地位
mood	気分
motion	動作
necessities of life	生活必需品
net return	純利益
non-staple article	非日用必需品
objective ratio of exchange	客観的交換比率
operating activity	操業活動
operating capital	経営資本

英和対訳例　*203*

operation	業務，作業，操作
order form	注文書
ordinary business man	普通の企業経営者
organization	組織，組織化，機構
organizing ability	組織する能力，組織化能力
orthodox system of distribution	伝統的流通システム
orthodox type in distribution	伝統的流通機構
outlet	販路
overhead expense	間接費
parcel post	小包郵便(制度)
periodical	定期刊行物
physical distribution	物的流通
physical supply	物的供給
plant activity	プラント活動
possible purchaser	見込客，見込購買者
practical test	実地テスト
prevailing price level	現行価格水準
price policy	価格政策
principle of balance	均衡の原則
principle of interdependence	相互依存の原則
printing press	印刷機
private brand	自家ブランド
private enterprise	民間企業
probability	蓋然性
producer	生産者
producer-retailer	生産者的小売商
producing capacity	生産能力
producing possibility	生産可能性
product	製品，産物
production	生産

proprietary medicine	特許売薬
prospect	見込客
prospective purchaser	見込購買者
protective tariff	保護関税
public affairs	対境関係，社会環境対策活動
public opinion	世論
puffing	自己宣伝
purchaser	購買者
purchasing power	購買力
quality	品質
rate of interest	金利
rate of return	収益率
ratio of exchange	交換比率
raw material	原(材)料
relation	関係，関連性
resale	再販
reservoir of capital	資本の蓄積
reshipping	再発送
response	反応
restrictive legislation	制限立法
retail merchant	小売商
retailer	小売業者，小売商
retailing middleman	小売中間業者
roundabout system of production	迂回生産方式
rule of thumb	経験的方法
safety razor	安全カミソリ
sale by advertising	広告販売
sale by description	説明書販売
sale by sample	見本品販売
sale in bulk	現品販売

英和対訳例　*205*

saleability	売れ行き
salesman	販売員，セールスマン
savings bank	貯蓄銀行
scientific management	科学的管理
scientific spirit	科学的精神
scientific study	科学的研究
selling	販売(活動)
selling agent	販売代理店
selling campaign	販売キャンペーン
selling effort	販売努力
selling function	販売機能
selling letter	販売レター
selling point	セリング・ポイント
selling talk	セールス・トーク
sense of responsibility	責任感
sense [*or* feeling] of security	安心感
share	割当て
slot machine plan	自動販売機方式
small or medium-sized business	中小企業
social cost	社会的なコスト
social emulation	社会的競争意識
social gain	社会的利益
social justification	社会的正当性
social loss	社会的な損失
social standard	社会的基準
social waste	社会的浪費
specialist	専門家
specialization	専門化
specialized occupation	専門的職業
specialty	専門品，専門性

standard of living	生活水準
standardization	標準化
staple article	日用必需品
staple goods	日用必需品
staple needs	恒常的なニーズ
steel industry	鉄鋼業
stimulation [*or* stimulus]	刺激
stock commodity	在来商品
strategic position	戦略的地位
stratum	階層
street-car advertising	車内広告
subconscious demand	潜在意識的(な)需要
subconscious needs	潜在意識的ニーズ
subjective ratio of exchange	主観的交換比率
subjective valuation	主観的評価(額)
systematic study	体系的研究
terminology	専門用語
test group	テスト集団
testing	テスティング，検査
textile industry	織物工業
timeliness	適時性
trade acceptance	引受手形
trade association	同業者組合
trade channel	取引経路
trade mark	トレード・マーク
trade name	トレード・ネーム
trade rival	商売がたき
transportation company	運送会社
turnover of stock	在庫品の回転率
two-name paper	複名手形

unbranded goods	ブランドのない商品
unconscious needs	無意識的ニーズ
unexpressed conscious demand	明確に意識されない需要
unfair trading practice	不公正取引慣行
unformulated needs	未形成なニーズ
utility	効用
voucher	領収書
want	欲求
wholesaler	卸売業者, 卸売商
working capital	運転資金

索　引（翻訳部分）

［あ行］

アイデア　12, 72, 97

新しい生産工程　39

アプローチ　5

安心感　45

安全カミソリ　102

意識的な需要　74, 79

意識的なニーズ　41

意思決定　11

一般広告　82

一般的大衆　29

一般の経営者　33

一般原則　2, 3

一般労働者団体　29

印刷機　58

迂回生産方式　5

売れ行き　71

営業活動　69

エネルギーの保存　5

応訴訴訟　32

応用心理学　11

送り状　23

オーナー経営者　25

織物工業　50, 69

卸売業者　17

卸売商　63

［か行］

会社形態　70

買取り広告　47

外部経済　1

価格水準　44, 45

価格政策　42, 51

価格設定　19

科学的アプローチ　85

科学的管理　39

科学的研究　93

科学的精神　1

科学的な企業経営　2

科学的な研究方法　85

科学的方法　103

確定条件　49

貸倒れ　68

貸倒れ損　68, 76

カタログ　60

カタログ販売　78

合衆国最高裁判所　32
家内工業制　79
喚起された需要　10, 74
環境　41
関税局　85
完成品　38
間接費　47
間接的な競争　55
感知されたニーズ　38, 85
管理　7
管理活動　24
管理機関　30
管理機能　21
管理職員　29
関連性　6

機械　22
機関　10, 14, 59
機関の組合せ　92
機関の選択　19
企業運営の諸原則　3
企業経営活動　15
企業経営慣行　23
企業経営機構　10
企業経営思考　3
企業経営者　1, 57
企業経営判断　3
企業組織　21
企業の外部問題　29, 34
企業の伝統　6

企業倫理　81
危険負担　68
機能　5
機能グループ　7
機能的中間業者　20, 68
基本的関連性　3
基本的なニーズ　41
客観的な効用　9
給料支払名簿　5
教育　41
教育レベル　87
供給機能　16
行政命令　33
競争相手　47
競争市場　42, 47
競争的企業経営の法則　34
銀行　69, 70
銀行家のテスト　98
均衡の原則　24, 34
近代科学の手法　39
金融　67

苦情　26
クーポン券　14
クレイトン法　33

経営学者　22
経営幹部　21
経営管理能力　76
経営資本　70

索　引　*211*

経営者の戦略的地位　25

経営モラル　80

経験的方法　13, 94, 103

経済機関　79

経済史　38

経済組織　80

経済的な階層　89

経済の一般論　92

経済理論　2

掲示板　82

研究方法　96

現行価格　51

現行価格水準　55

原材料　4, 8

賢人　30

現品　57

現品販売　58

現物の商品　78

交換経済　61

交換比率　42

好奇心　14

広告　15, 79, 91

広告活動　65

広告機関　73

広告キャンペーン　54

広告業者　11, 83

広告の効率性　84

広告販売　81

広告用ビラ　90

考察事項　72

工場価格　85

工場生産　37

工場制度　38, 63, 65, 79

工場の棚ざらえ品　47

工場労働者　4, 29

購買意欲　14

購買機関　23

購買者　15

購買請求　23

購買力　13, 41

効用　18

小売価格　85

小売業者　17

小売商　63

小売中間業者　74

顧客　9

顧客の気分　78

国産品　61

国内小包郵便制度　20

個人的習慣　41, 42

個人的な損失　95

個性　12, 78

小包郵便制度　28, 69

固定費　65

言葉　59

コピー　99

個別的な観点　6

戸別訪問販売員　60

コミュニケーションの摩擦　94

コミュニティー・サービス　27
雇用請求　23
コントロール　21
コントロールの原則　31

[さ行]

在庫の回転率　75, 77
在庫品　12
在庫品置場　38
最終消費者　71
最小の労力と費用　19
再発送　68
再販　70, 71
裁判所の解釈　31
細部事項　25, 26
細部の項目　21
財務機能　26
財務部門　23
在来商品　44, 52, 54
作業　4, 8
雑誌　92
サービス　44, 70
差別化　44
差別化された商品　30, 51
差別化された製品　19, 44
差別化商品　49, 51
産業革命　38
産業史　57
産業組織　61, 70

仕上げ　18
事業機会　27
事業に対する直感　86
資金提供　70
刺激　96
自己宣伝　79
自己販売員　80
資産家　43
資産通貨　70
自社ブランド　17, 19, 76
市場価格　42, 43
市場価格以下での販売　46
市場価格以上での販売　46, 51
市場価格での販売　46, 48
市場価値　42
市場組織　90
市場における自己の割当て　49
市場の開拓　2
市場の形勢　88
市場問題　57
市場流通　37
自然因子　7
実演　18, 74
実験室　12, 96, 97
実験的研究　103
実験的状況下　95
実験的方法　93, 103
実験部門　26
実地テスト　95
質問表　13

索　引　*213*

実用性　80

支店　76

支店制度　76

自動販売機方式　58

資本　7

資本化　24

市民組織　30

事務職員　23

社会階層　100

社会慣習　41

社会的階層　88

社会的環境　87

社会的観点　6,53

社会的基準　55

社会的競争意識　45,53

社会的グループ　29

社会的コントロール　27

社会的サービス　43

社会的重要性　84

社会的正当性　53

社会的地位　42

社会的なコスト　40

社会的な損失　95

社会的利益　56

社会的浪費　40

社会の姿勢　34

社会の潮流　34

社会の動向　30

写真　59

車内広告　82

シャーマン反トラスト法　31

収益逓減の法則　2,92

集荷　68

重機械　60

集金部門　23

州際通商委員会　28,31

州際通商法　31

修正品　53

集団効果　5

自由取引　67

重要な細部事項　25

修理　74

主観的価値　42

主観的価値判断　45,46

主観的交換価値　43

主観的交換比率　44,45,51

主観的評価額　54

手工業者　63

出荷請求　23

需要　39

需要曲線　50

需要創造　59,60,92

需要創造活動　9,10

需要の喚起　59

順応性　78

商慣習　6

小規模生産者　17

商業界　79

商業技術　28

商業生活　58,77

商業手形　69

商業的な宣伝広告　82

商業倫理　57,80

商才　86

商人　70

商人的小売商　63

商人的生産者　46,49,61,63,89

商売がたき　33

商売仲間　33

消費財　58

消費市場　40

消費者　9,63

消費者広告　18

消費者ニーズ　95

消費者余剰　2,42,43

消費大衆　52,63,95

消費力　42

商品価値　10

商品コスト　85

商品差別化　81

商品需要　101

商品取引慣行　16

商品に関するアイデア　10,58

商品に対する欲求　94

商品の差別化　72

商品の損失　68

商品の同一性　71

商品の販路　65

商品への注文　96

商品流通　37,40,83

使用説明　74

情報　1

食料雑貨店　81

書類　21

仕分け　68

人口の密集地域　76

人口密集地　87

新商品　52,53

進歩的な企業経営者　42,101

シンボル　12,59

信用担当マネジャー　9

信用調査係　23

心理学者　13

心理構造　53

推測　94

スケッチ　59

生活水準の向上　39

生活必需品　41

制限立法　33

生産活動　6,10,24

生産可能性　39

生産効率　39

生産コスト　71

生産者の金融依存　70

生産者の欲求　73

生産者の良心　57

生産手段　39

生産組織　22,39

索　引　*215*

生産能力　39
生産問題　37
生産‐流通の方程式　18
精神的エネルギー　94
製造業者　17, 45, 56
製造原価　3
製造方法　80
製品コスト　85
製品差別化　84
製品市場　16, 28
製品需要　10
製品に関するアイデア　9
製品のマーケティング　37
製品標準化　57
政府　15, 30
政府機構　30
政府の施行　31
政府の姿勢　31
世界市場　63
接近法　9
説得の仕方　14
設備　8
説明書販売　58
セリング・ポイント　11
セールス・トーク　101
潜在意識的な需要　83, 91
潜在意識的ニーズ　41
潜在的ニーズ　95
専属的供給源　17
専属店　17

前兆となる細部事項　26
扇動的な動機　29
専門化　18
専門家　24
専門性　24
専門知識　40
専門品　18, 66
専門用語　7, 11
戦略的地位　25

操業活動　8
相互依存の基本原則　8
相互依存の原則　24, 34
送付先リスト　82
訴求　52
促進　7
促進活動　6, 21
素材　4, 12
組織化　7, 8
組織化された知識体系　37
組織化能力　28
組織する能力　7
組織的な知識体系　104

［た 行］

大学を出た人たち　27
大企業　22
大規模生産　47
大規模生産者　76
大規模生産の経済性　47, 49

対境関係　34
体系的研究　37
体系的な研究方法　85
大衆感情　32
大量現象　3,96
大量仕入れ　47
大量消費　38
大量生産　38
建物　8

地域社会　30
中間業者　11,16,60,61
中間業者の圧力　67,73
鋳造工場　5
注文の総数　2
直接供給組織　20
直接広告　60,82,92,99
直接取引　67
直接発送　73
直接販売　66,72
直接販売員　15,60,79
直接郵送　100
直接輸送　68
貯蓄銀行　69
直感　85
直感的　94
地理的区画　19
地理的分布　87

通常の経路　16

通信販売　60,74
通信販売事業　66
通信販売ルート　17

定期刊行物　82,100
適時性　78
デザイン　18
テスティング　102
テスト　28,96
テスト集団　99
鉄鋼業　49
鉄道運賃　31
鉄道会社　83
伝達機関　100
伝統的な流通システム　16,71
伝統的流通機構　61

同業者　18,29
同業者組合　33
同業者団体　15
統計家　96
統計要覧　82
動作　4,8
得意先　18
独自性　19
独占的な地位　55
特売品売場　47
土地　7
特許売薬　79
取引経路　66

塗料製造業者　76
トレード・ネーム　44
トレード・マーク　16,44

［な行］
内部経済　1
内部問題　35

ニーズ　26
日常業務　26
日用必需品　18,43
人間的要素　24,38,77
人間の性質　52
人間の欲求　39,41,103

ネオンサイン　82

望みどおりの需要　97

［は行］
媒介機関　63
媒体　14
破産在庫品　47
場所　4
反応　96
販売アイデア　14
販売員　11
販売員の実践原理　13
販売員の有効性　78
販売活動　37,59

販売機関　91
販売機能　74
販売キャンペーン　14,86
販売協力　16
販売区域　2
販売材料　100
販売システム　90
販売資料　99
販売政策　47,92
販売組織　22
販売代理店　63
販売努力　75,77,80,91
販売費　90
販売方法　58
販売力　9
販売レター　82
販路　65

非日用必需品　18
非本質的な活動　33
百貨店　47
表現形態　86,93,97
標準化　1
標準化された製品　80
ビラ　82
品質　70

ファイル　12
不安定な人間関係　11
複名手形　69

不公正取引慣行　33
普通の企業経営者　30
物質的欲求　55
物的供給　60
物的供給活動　9, 10
物的流通　59, 77
物々交換制度　65
部門の偏向　25
プラント活動　8
プラント政策　11
ブランド　44
ブランドのない商品　56
ブランドのない日用品　44
分類体系　22
分類法　9, 15
プロセス　5
分業　21, 61
分業体制　5
分業の原則　21

平均の法則　96
平均販売コスト　86

法　30
包括的な輸送システム　28
報酬　54, 75
法の趣旨　30
法律の解釈　31
保険会社　68
保護関税制度　67

本質的な活動　33

［ま行］

前貸し　69
マーケティング　38
マーケティング機構　18
マーケティング・システム　15
マーケティング・メソッド　28
満足感　45

未形成なニーズ　41
未形成な欲求　39, 42
見込客　14
見込購買者　58, 87, 93
見本品　57
見本品販売　58
民間機関　15

無駄な動作　40

明確に意識されない需要　83, 91
明確に意識される需要　83, 91

目的　5, 6
目的のない動作　5

［や行］

有効需要　41, 59, 87, 96
郵送先名簿　98
有能な企業経営者　95

索　引　*219*

有能な流通業者　51

輸出商　63

輸送手段　38

欲望　43

世論　27, 30

[ら行]

利益水準　2

利ざや　54

利潤　49

立地　8

立法者　34

流通活動　6, 20, 24

流通過程　65

流通機関　82, 83, 92

流通機構　42, 66, 72, 84, 104

流通業者　45, 88

流通業務　69

流通経路　17

流通経路の短縮化　17

流通コスト　104

流通システム　39, 41, 61, 76

流通実験室　100

流通性　76

流通の混乱状態　39

流通問題　38, 84, 93

流通連鎖　63

領収書　23

倫理基準　58

類似商品　94

類似性　10, 11, 78

連合　32

連鎖組織　17

連邦準備銀行制度　70

連邦政府　15

連邦取引委員会　28, 31

漏えい　74

労働　7

労働力　10

浪費　79

[わ行]

割引額　75

■訳・論説者略歴

丹下　博文［たんげ　ひろふみ］

　　1950年，愛知県生まれ
　　早稲田大学法学部卒業
　　同大学院法学研究科修士課程修了
　　米コロンビア大学大学院ビジネス・スクール修了（MBA）
　　同大学院ビジネス・スクール客員研究員
　　UCLA（米カリフォルニア大学ロサンゼルス校）アンダーソン経営大学院客員研究員
　　UCLA社会公共政策大学院客員研究員
　　現在：愛知学院大学大学院経営学研究科教授，博士（経営学）

▧▧▧ **市場 流通に関する諸問題（新訂版）** 〈検印省略〉

▧▧▧ 発行日──1992年 6 月 6 日　　初　版　発　行
　　　　　　　　1998年10月 6 日　増補改訂版発行
　　　　　　　　2006年12月16日　新　版　発　行
　　　　　　　　2012年 1 月26日　新 増 補 版 発 行
　　　　　　　　2018年 4 月26日　新 訂 版 発 行

▧▧▧ 訳・論説者──丹下　博文

▧▧▧ 発行者──大矢栄一郎

▧▧▧ 発行所──株式会社　白桃書房

　　　　　　〒101-0021　東京都千代田区外神田5-1-15
　　　　　　☎03-3836-4781　📠03-3836-9370　振替00100-4-20192
　　　　　　http://www.hakutou.co.jp/

▧▧▧ 印刷・製本──松澤印刷／渡辺製本
　　Ⓒ Hirofumi Tange 1992, 1998, 2006, 2012, 2018　Printed in Japan
　　ISBN 978-4-561-76218-8　C3063
　　落丁本・乱丁本はおとりかえいたします。

好 評 書

P. コトラー・W. ファルチ【著】杉光一成【訳】

コトラーのイノベーション・ブランド戦略　　　本体 4,200 円
—ものづくり企業のための要素技術の「見える化」

C. H. ラブロック/L. ライト【著】小宮路雅博【監訳】高畑　泰・藤井大拙【訳】

サービス・マーケティング原理　　　本体 3,900 円

C. グルンルース【著】蒲生智哉【訳】

サービス・ロジックによる現代マーケティング理論　　　本体 2,800 円
—消費プロセスにおける価値共創へのノルディック学派アプローチ

折笠和文【著】

マーケティングの批判精神　　　本体 2,500 円
—持続可能社会の実現を目指して

大石芳裕【編著】

マーケティング零　　　本体 2,500 円

大石芳裕【編著】

グローバル・マーケティング零　　　本体 2,500 円

畢　滔滔【著】

チャイナタウン，ゲイバー，レザーサブカルチャー，ビート，

そして街は観光の聖地となった　　　本体 2,750 円
—「本物」が息づくサンフランシスコ近隣地区

畢　滔滔【著】

なんの変哲もない 取り立てて魅力もない地方都市 それがポートランドだった　　　本体 3,100 円
—「みんなが住みたい町」をつくった市民の選択

―――――――― 東京　**白桃書房** 神田 ――――――――

本広告の価格は本体価格です。別途消費税が加算されます。